Ulrich Steltner

·

Über Rede in Vers und Prosa

Die Funktion der Formensprache
im Roman Doktor Shiwago

Peter Lang

Lausanne

2017

Ульрих Штельтнер

·

Проза и лирика романа «Доктор Живаго»

Academic Studies Press

Библиороссика

Бостон / Санкт-Петербург

2023

УДК 821.161.1
ББК 83.3(2=411.2)6
Ш89

Перевод с немецкого Ольги Немиры

Серийное оформление и оформление обложки Ивана Граве

Штельтнер, Ульрих.
Ш89   Проза и лирика романа «Доктор Живаго» / Ульрих Штельтнер; [пер. с англ. О. Немиры]. — СПб.: Academic Studies Press /
Библиороссика, 2023. — 192 с. — (Серия «Современная запад-
ная русистика» = «Contemporary Western Rusistika»).

ISBN 979-8-887194-74-5 (Academic Studies Press)
ISBN 978-5-907767-21-8 (Библиороссика)

В противовес хорошо известным трактовкам романа «Доктор Живаго» в рамках литературно-политического контекста, исследование Ульриха Штельтнера со-
средоточено исключительно на структуре произведения. Автор анализирует фор-
мальный язык прозаической и поэтической частей, чтобы определить роли обеих
форм речи для текста Пастернака в целом. «Доктор Живаго» — экспериментальный
роман, в котором метафиктически противопоставлены или связаны «хаос» и «порядок», «жизнь» и «искусство», а также «проза» и «стихи».

УДК 821.161.1
ББК 83.3(2=411.2)6

ISBN 979-8-887194-74-5
ISBN 978-5-907767-21-8

«Доктор Живаго» — роман особого типа, роман поэтический. Огромное тело прозы, как разросшийся сиреневый куст, несет на себе махровые гроздья стихотворений, венчающих его.

Андрей Вознесенский

Вступительное слово

С творчеством Бориса Пастернака я познакомился в старших классах. В 1962–1963 годах мне нужно было писать годовую работу по русскому языку в выпускном классе государственной средней школы в Бад-Нойенаре. Я прочитал роман «Доктор Живаго», но больше всего меня поразили стихи из него. С тех пор Пастернак стал для меня одним из тех великих русских поэтов, к которым я возвращаюсь вновь и вновь. Восхитив меня в то время, его стихи продолжают завораживать и сейчас.

Впервые роман был опубликован на итальянском языке в 1957 году и долгое время находился в центре внимания из-за событий, связанных с присуждением автору Нобелевской премии в 1958 году. Скандал, вызванный этой публикацией, был не столько литературным, сколько политическим и повлек за собой последствия именно политического характера. Лишь позднее, начав изучать славянскую филологию, я заинтересовался художественной стороной романа. Я читал «Доктора Живаго», и меня не покидало странное чувство непонимания этого произведения, ведь мастерство Пастернака-поэта проявляется лишь в последней главе книги, а объемный прозаический текст, состоящий из 16 частей, в то время был для меня малодоступным с эстетической точки зрения. Это была совсем не та проза, к которой я привык, читая мастеров русской словесности начиная с XIX века вплоть до Андрея Белого. Признаться, не этого я ожидал тогда от знаменитого Пастернака! Позднее я понял, что не одинок в своей неудовлетворенности романом и в желании найти к нему научный подход. Исследовательская литература о «Докторе Живаго» год от года лишь множится, все более и более расширяя свою область. Тем не менее я решил найти собственный ключ к апориям этого романа — не столько из-за ностальгии, сколько для того, чтобы с помощью *формоопределяющей* основы проработать *функциональную* сторону целостного текста, состоящего из прозы *и* стихов.

Немецкий оригинал моей книги был опубликован в 2017 году. Теперь выходит русское издание. Моя большая благодарность переводчице книги Ольге Немире и издательству.

Ульрих Штельтнер
Йена, август 2023 года

1. Введение

Перестав быть поэтическим пустячком, жизнь забродила крутой черной сказкой постольку, поскольку стала прозой и превратилась в факт.

Борис Пастернак. Детство Люверс

Роман Бориса Пастернака «Доктор Живаго», опубликованный в 1957 году и в 1958-м удостоенный Нобелевской премии, с тех пор представлял огромный интерес для литературоведения, судя по количеству посвященной ему научной и критической литературы. Реакция же современников на книгу была неоднозначной. С одной стороны, роман представлял собой политическую сенсацию, с другой — особого интереса к его прочтению не было.

В любом случае Пастернак, герой новостей, объект внимания всех иностранных корреспондентов и фотографов в России, фигурировал в заголовках ежедневных и еженедельных изданий так часто, что тысячи людей покупали его книгу, повинуясь стадному инстинкту, не собираясь ее читать. А другие тысячи открывали ее в надежде найти сенсационные выпады против советского режима [Slonim 1959].

Экранизации романа год от года делали его все более популярным[1], повышая узнаваемость отдельных персонажей и сюжетных линий. Однако читателей романа все еще оставалось немного.

---

[1] Стоит упомянуть четыре одноименные экранизации: «Doutor Jivago» (1959, Бразилия, режиссер неизвестен), «Doctor Zhivago» (1965, США, реж. Д. Лин), «Doctor Zhivago» (2002, Великобритания/США/Германия, реж. Дж. Кампиотти), «Доктор Живаго» (телесериал, 2005, Россия, реж. А. Прошкин).

Критики также неоднозначно относились к «Доктору Живаго», который заканчивается поэтической частью[2]. Роман — даже без венчающего его стихотворного цикла — обладает гибридными чертами, что мешает его восприятию и изучению. Эту «перегруженность» повествования можно трактовать, с одной стороны, как признак модернизма. С другой — роман будто бросает читателю вызов, требуя разгадки. Можно предположить, что в книге кроется тайна, особенно если последнюю часть — цикл стихов — не воспринимать как приложение (как то было сделано в экранизациях). Современное литературоведение стремится к разгадке этой тайны, выявляя скрытые соответствия с помощью пристального анализа поэтики романа и его деконструкции[3]. Можно сделать вывод, что роман относится на абстрактном повествовательном уровне к «модернизму» или даже постмодернизму — вопреки неоднократно высказываемому (особенно современными критиками) мнению, что книга является традиционным реалистическим романом и построена по образцу русского романа второй половины XIX века. Чтобы добраться до понимания тайны, я решил пойти другим путем, нежели, например, деконструировать текст согласно определенному принципу. Я хотел бы проследить внутреннюю последовательность повествования, точнее, *некую возможную* внутреннюю последовательность, вытекающую из очевидного разделения текста на две формы речи — прозаическую и стихотворную.

Метафорически обозначенная мной «тайна» возникает, очевидно, из явного парадокса текста: он назван романом, но содержит как собственно роман, так и цикл стихотворений. Я ни в коем случае не занимаюсь герменевтической интерпретацией произведения в целом — речь идет, скорее, о последовательности структуры, которая в конечном итоге имеет значение и может послужить ключом к пониманию романа.

---

[2] Роман разделен на две книги и семнадцать частей.

[3] См. [Смирнов 1996], а также работы, посвященные различным аспектам романа: символике света [Zehnder 2015], архитектонике числа 14 [Tiupa 2012], принципу мимикрии [Witt 2000a, 2000b], элементам оформления [Beker 1993] и т. д.

В этом контексте вполне уместен вопрос эстетики, ведь «Доктору Живаго» отведено отдельное место в сфере изящной словесности. Определение его как «старомодно-реалистичного» представляет собой оценочную категорию. То же относится и к эпитету «модернистский», а также другим возможным суждениям. Поэтому очень важно поместить роман целиком как текст в разнообразные контексты, которые помогут ярче высветить его общую структуру.

В теоретическом аспекте я опираюсь сразу на несколько методологий, используя идеи феноменологии, формализма или структурализма. Я прекрасно понимаю, что обращение к концепциям, которые были важны с первой трети XX века, вполне может быть расценено как «смелость сделать шаг назад». Но, поскольку литературоведение последних десятилетий изменилось таким образом, что зачастую явно следует идеям XIX века, а «художественность» литературы зачастую попросту остается за кадром, мне кажется уместным боевой клич феноменологов «Ближе к вещам!» о возвращении элементам художественного текста соответствующей значимости.

Принципиально в значение слова «текст» я вкладываю здесь *произведение* в понимании Р. Ингардена, то есть языковое выражение, которое должно быть сначала *воспринято* субъективно. Лишь после *восприятия* можно размышлять о причинах именно такого понимания *произведения* и стараться «схватить» его лингвистически фиксированную концепцию, его «схему» [Ingarden 1972]. Из сказанного естественным образом следует, что две противоположные позиции могут быть обусловлены одной и той же первопричиной.

Для описания контекстов Ингарден предлагает использовать особую метафору — «жизнь произведения искусства» [Ingarden 1968]. Речь идет об изменении с течением времени восприятия литературного произведения таким образом, что черты, схематично в нем обозначенные, каждый раз конкретизируются по-разному. Эта конкретизация подразумевает sensu stricto[4] нечто

---

4   В узком смысле (лат.) — *Прим. перев.*

большее, чем исключительно филологическое понимание, — она должна учитывать иррациональную часть общей структуры, то есть представлять произведение эстетически наглядно. Эстетическая сторона текста здесь может служить критерием релевантности для проведения различий между чисто филологическим прочтением, связанным с удовольствием ученого от получения новых знаний, и «наивным» восприятием. На практике провести такую линию трудно, поскольку критерий релевантности эстетического воздействия может обсуждаться только по отношению к рассматриваемому произведению. Причины для той или иной конкретизации можно найти в самом тексте. Субъективность эстетического понимания затрудняет подлинное определение ценности познанного из-за очевидного различия между удовольствием и опытом восприятия. Исходя из этого для более глубокого описания как контекстов, так и механизмов воздействия романа на читателя необходимо рассматривать все текстуальные стратегии, которые использует автор, в частности особенности романа как жанра, интертекстуальные отсылки и прочее. Несомненно, все они обладают эстетическим потенциалом, который и необходимо конкретизировать. С точки зрения восприятия эти стратегии представляют собой контекстуальные феномены, хотя обычно классифицируются иным образом. Несмотря на утверждение Пастернака о том, что он пишет роман «в плохом смысле по-домашнему»[5], «Доктор Живаго» продолжает литературную традицию. Роман является частью системы литературных стратегий, которые принадлежат литературе как виду искусства в целом, а также *русской* литературе, литературе XX века и т. д. *Русский* роман, в частности, имеет значительный авторитет, и, следовательно, к этому жанру предъявляются особые требования в *русской* литературе. Тот факт, что «Доктор Живаго» не вписывается в рамки этой системы, и объясняет те трудности,

---

[5] Письмо литературному критику Н. П. Смирнову от 2 апреля 1955 года [Пастернак 2003–2005, X: 72]. Здесь и далее произведения Пастернака цит. по: [Пастернак 2003–2005] с указанием в скобках номера тома (римскими цифрами) и номера страницы (арабскими).

которые роман вызвал у читателей и которые стали отправной точкой вышеизложенной аргументации. С этого я и хочу начать свой анализ. Я сделаю выборку общепринятых стратегий, уделив особое место стратегиям первой половины XX века, чтобы обозначить место романа в литературном процессе своего времени. Это поможет мне обсудить необычную заключительную часть — «Стихотворения Юрия Живаго». Но прежде следует проследить тот путь, который в конечном итоге привел поэта Пастернака к созданию этого романа. И, само собой разумеется, роман должен быть постигнут в его основных чертах. Таким образом, появится возможность обсуждения вопросов эстетического воздействия и восприятия книги. И здесь мне видится вполне уместной и даже обоснованной — а также, я надеюсь, простительной — определенная педантичность в отношении теоретических предпосылок, поскольку я хотел бы сохранить в некоторой степени трезвый подход, находясь словно между Сциллой и Харибдой перед текстуально-герменевтической интерпретацией и иногда фантасмагорической деконструкцией.

2. В поисках прозы

Путь Пастернака в литературу и его существование в литературном процессе первой половины XX века отмечены четкими поворотными моментами, которые сам писатель в «Охранной грамоте» назвал «метаморфозами» [III: 226]. Начинает он с музыки. В футуристические круги Пастернак вошел как композитор. Затем он изучал право, философию, но вскоре обратился к литературе, взволновав всех магией своих стихов и получив заслуженное признание и удовлетворение. С 1914 по 1923 год один за другим выходят четыре его поэтических сборника[1], а в 1925 году — небольшая книга, в которую вошли четыре прозаических произведения 1915–1924 годов[2]. Это «Детство Люверс», «Il tratto di Apelle» (позднее «Апеллесова черта»), «Письма из Тулы» и «Воздушные пути». Если идти в обратном хронологическом порядке — от романа, то названные произведения можно рассматривать как подготовительные, их отголоски мы явственно слышим в «Докторе Живаго». Тем не менее на первый взгляд они представляют собой совершенно иную прозу, которую автор впоследствии осудит, как и свою биографию, написанную в «экспрессионистско-футуристическом» стиле и вышедшую в 1931 году. При жизни Пастернака начиная с 1933 года в журналах были опубликованы лишь некоторые фрагменты его художественной прозы. Среди прочих — «Записки Патрика», начавшие публиковаться

---

[1] Близнец в тучах (М.: Лирика, 1914); Поверх барьеров. Вторая книга стихов (М.: Центрифуга, 1917 [1916]); Сестра моя — жизнь. Лето 1917 года (М.: Изд-во З. И. Гржебина, 1922); Темы и вариации. Четвертая книга стихов (Берлин: Геликон, 1923).

[2] Рассказы (М.; Л.: Круг, 1925).

в «Литературной газете» с 1937 года[3]. Его вторая автобиография, являющаяся, по сути, предисловием к запланированному на 1956 год изданию поэзии, при жизни автора публиковалась только за рубежом: в частности, в ФРГ книга вышла под названием «Über mich selbst»[4] (Франкфурт-на-Майне, 1959).

Искусство и история

Вскоре после войны Пастернак, испытывая творческий подъем, начинает писать роман. Этому предшествовали различные опыты в прозе, так и не дошедшие до широкой публики, рукописи которых частично утеряны (упоминаю их здесь лишь для полноты картины). В ноябре 1945 года Пастернак писал Надежде Мандельштам: «Я немного писал своего нового, но теперь буду больше, роман в прозе, охватывающий время всей нашей жизни, не столько художественный, сколько содержательный» [IX: 422]. Привлекает внимание выражение «роман в прозе». Предположительно, оно фигурирует и в первой публикации «Стихов из романа в прозе "Доктор Живаго"» 1954 года [Пастернак 1954]. Это наводит на мысль, что определение «роман в прозе» — явное указание Пастернака-поэта на другое доступное ему ремесло — прозу. Еще до войны Пастернак написал несколько эпических произведений в стихах, *поэм*. Но автор как бы отгораживается от этого понятия, называя их «романами в стихах» [Гладков 1973: 63]. Наконец, есть знаменитый *роман в стихах* Пушкина — «Евгений Онегин», который, по сути, можно назвать *поэмой*. «Евгений Онегин» — с учетом необычной пастернаковской формулировки «роман в прозе», — вероятно, должен взять на себя роль интертекстуального *крестного отца* будущего произведения. Возможно, это было своеобразным художественным кокетством Пастернака или данью уважения великому русскому поэту.

Противопоставление «художественное vs содержательное» кажется необычным. Тем не менее оно продолжает варьировать-

---

[3] Подробную историю публикации см. [III: 576–578].

[4] «Обо мне самом». — *Прим. перев.* В оригинале — «Люди и положения».

ся в письмах Пастернака по мере работы над «Доктором Живаго».
В письме от 26 января 1946 года он сообщает Н. Мандельштам:
«Я хочу написать прозу о всей нашей жизни от Блока и до нынешней войны, по возможности в 10–12 главах, не больше» [IX: 441].
Эта формулировка позволяет предположить, что именно «искусство» определяет для Пастернака «историю» как повествование.
В письме к своей двоюродной сестре О. Фрейденберг он пишет:
«Я начал большую прозу, в которую хочу вложить самое главное,
из-за чего у меня "сыр-бор" в жизни загорелся» (письмо от
1 февраля 1946 года [IX: 446]). Спустя полгода он напишет ей же:

> Собственно, это первая настоящая моя работа. Я в ней хочу
> дать исторический образ России за последнее сорокапяти-
> летие, и в то же время всеми сторонами своего сюжета,
> тяжелого, печального и подробно разработанного, как,
> в идеале, у Диккенса или Достоевского, — эта вещь будет
> выражением моих взглядов на искусство, на Евангелие, на
> жизнь человека в истории и на многое другое. Роман пока
> называется «Мальчики и девочки» (письмо от 13 октября
> 1946 года [IX: 472]).

В этом письме впервые прямо проговариваются взгляды Пастернака на искусство. Возможно, это совпадение, но с учетом ситуации, продолжавшейся с начала 1930-х годов, когда над искусством начали тяготеть нормы и каноны социалистического реализма, внимание автора приобретает особый смысл. Кроме того, определенные послабления, имевшие место во время войны, были отменены, и дух оптимизма, появившийся после победы над нацистской Германией, был подавлен пресловутым известным Постановлением оргбюро ЦК ВКП(б) от 14 августа 1946 года «О журналах "Звезда" и "Ленинград"». Новые ограничения стали печально известны как «ждановские» (по имени секретаря ЦК ВКП(б) А. А. Жданова). Мотив искусства в романе может быть связан и с другими особенностями или даже совокупностью особенностей контекста культуры первой половины XX века. Об этом мы будем говорить в главе 3. Роман, над которым работал Пастернак, не предназначался для печати, по крайней мере в то время. Осенью 1948 года автор вновь пишет О. Фрейденберг, с которой у него сложились доверительные отношения: «...я совсем его [роман] не пишу, как произведение искусства, хотя это в большей степени беллетристика, чем то, что я делал раньше. Но я не знаю, осталось ли на свете искусство, и что оно значит еще» (письмо от 29 июня — 1 октября 1948 года [IX: 541]).

Пастернак пишет этот роман как «длинное письмо» для тех «немногих, кто его ценит». Метафора «романа-письма» уже была однажды им использована по отношению к прозе — в начале 1920-х годов, когда он говорил о начале большого романа, который, по-видимому, так и остался фрагментом и позже был опубликован под названием «Детство Люверс»:

> Я решил, что буду писать, как пишут письма, не по-современному, раскрывая читателю все, что думаю и думаю ему сказать, воздерживаясь от технических эффектов, фабрикуемых вне поля его зрения и подаваемых ему в готовом виде, гипнотически и т. д. Я таким образом решил дематерьялизовать прозу...[5]

Эта метафора — появляющаяся и в начале, и в конце творческого пути Пастернака — поразительна, поскольку ранняя его проза, включая «Охранную грамоту», не свободна от «технических эффектов». Говоря о романе-письме, Пастернак, вероятно, имел в виду такую прозу, которая позволила бы ему оставаться субъективным, подобно автору писем, но без обязательной технической стороны, которая per se[6] является субъективной стороной лирики. Более того, это высказывание относится к тому времени, когда «ощутимость» языкового *материала* прозы,

---

[5] Письмо В. П. Полонскому, <лето> 1921 года [VII: 371]. В будущем В. П. Полонский будет главным редактором журнала «Новый мир» (1926–1931); в 1921 году он был также организатором и председателем литературного центра «Дом печати». Полонский был также ярым противником Владимира Маяковского и ЛЕФа. Точки соприкосновения Пастернака со взглядами Полонского очевидны — как положительные (идеализм), так и отрицательные (Маяковский/ЛЕФ).

[6] Как таковая, по умолчанию (лат.). — *Прим. перев.*

а также приемы, позволяющие сделать этот языковой материал *ощутимым*, популяризировались русской формальной школой, близкой к футуристам. Тем самым Пастернак четко отделяет себя от нее своей «дематерьялизацией».

Мысли и образы

Заметим, что, когда Пастернак говорит о литературном творчестве, он приводит некоторые паттерны. Я не считаю их интертекстуально значимыми; они служат, скорее, примером проявления чувств эмоционального в целом автора писем — Пастернака. Это моменты, связанные с «эмоциональным пространством» зарождающейся прозы. К классификации романа в паттернах ХХ века я вернусь позже; пока я полагаю, что достаточно описания умственного пространства, в котором творит Пастернак. Как уже говорилось, он упоминает Ч. Диккенса и Ф. Достоевского, а не Л. Толстого, хотя искренне им восхищается. В другом письме, 1947 года, Пастернак сообщает:

> Я пишу сейчас большой роман в прозе о человеке, который составляет некоторую равнодействующую между Блоком и мной (и между Маяковским и Есениным, может быть) <...> Время, обнимаемое романом, — 1903–1945 гг. По духу это нечто среднее между Карамазовыми и Вильгельмом Мейстером[7].

Восемь лет спустя он писал тому же адресату, который, вероятно, находился в Германии:

> Мне хочется в немецких измерительных единицах дать Вам понятие о романе, вернее о его духе. Это мир Мальте Бригге или Якобсеновской прозы, подчиненной, если это мыслимо, строгой сюжетной нешуточности и сказочной обыденности Готфрида Келлера, да еще в придачу, по-русски,

---

[7] Письмо биологу З. Ф. Руофф от 16 марта 1947 года [IX: 492]. (Письмо послано в Воркуту, где отбывала ссылку Зельма Руофф, арестованная в 1930-х. — *Прим. перев.*)

еще более приближенной к земле и бедности, к бедственным положениям, к горю. Очень печальная, очень много охватившая, полная лирики и очень простая вещь[8].

Значимость поэзии

Выражение «полная лирики» из письма Руофф относится, конечно, не только к стихам Юрия Живаго из завершающей, 17-й, части романа. В письмах Пастернака стихи явно выходят на первый план: это не заметки на полях и тем более не бегло написанное дополнение к прозе, за которую он так упорно бился. За стихами кроется внутренний конфликт Пастернака как поэта, своего рода душевная боль, о которой он пишет Ольге Фрейденберг:

В апрельском номере журнала «Знамя» собираются напечатать 10 моих стихотворений из романа «Живаго», в большинстве написанных в этом году. Я их читаю в гостях, они мне приносят одну радость. Их могло бы быть не 10, а 20 или 30, если бы я позволил себе их писать. Но писать их гораздо легче, чем прозу, а только проза приближает меня к той идее безусловного, которая поддерживает меня и включает в себя и мою жизнь, и нормы поведения и пр., и пр. и создает то внутреннее душевное построение, в одном из ярусов которого может поместиться бессмысленное и постыдное без этого стихописание. Мне не терпится освободиться поскорее от этого прозаического ярма для более мне доступной и полнее меня выражающей области (письмо от 20 марта 1954 года [X: 22]).

Видно, как Пастернаку трудно разрешить внутреннее логическое противоречие между заветной прозой, которая узаконивает

---

[8] Письмо З. Ф. Руофф от 10 декабря 1955 года [X: 115]. В подобном ключе 14 мая 1959 года Пастернак писал Ренате Швейцер: «Наоборот, неофициальная оригинальность какого-нибудь Готфрида Келлера, его сказочность в цивильном платье, укрывающаяся за грубоватой видимостью реализма, говорит мне куда больше, чем вся дикая резвость Э. Т. А. Гофмана. С другой стороны, можно ли представить себе Достоевского, может быть даже и Диккенса, без Гофмана?» [X: 484].

«постыдное стихописание», и тягостной прозой, воспринимаемой как ярмо и стеснение поэзии, позволяющей более «полное» выражение себя и более легкой в написании. Это противоречие можно интерпретировать по-разному. Парадоксальность манеры изложения, по-видимому, была характерна и для устных высказываний Пастернака[9]. Поскольку я считаю это противоречие важным в отношении «романа в прозе» — который тем не менее завершается стихотворной частью, — мне хотелось бы кратко его обсудить. С прагматической точки зрения Пастернак, очевидно, держит в уме возможность заработка. Это можно заключить из дальнейшего текста письма, в котором речь идет об обеспечении своего материального положения:

> ...если не считать некоторого Зининого неприкосновенного сбережения, с текущим, повседневным бюджетом, у меня теперь некоторая временная заминка. И опять, из-за неоконченного и пишущегося романа у меня нет времени постоять за себя, что-то предпринять, похлопотать в издательстве и т. д. [Там же].

Именно поэтому Пастернак берется за перевод трагедии Шекспира и «Фауста» Гете, ведь в противном случае роман отнимет все его силы. Однако описанная ситуация не объясняет слова Пастернака о том, что в поэзии он мог бы выразить себя более полно. Учитывая значительность и самобытность его лирики, сомнения автора в отношении прозы вполне объяснимы: ему есть что терять как поэту.

Одержимость, которая руководила им с юности и заставляла прилагать все усилия, чтобы добиться успеха в прозе, вероятно, имела и другие корни. Ее начала нужно искать, например, в «общезначимости» прозы и ее авторитете в XX веке. По меньшей мере роман обращен к более широкой читательской аудитории, чем поэзия, несмотря на то что традиционно (и XX век не исключение) поэзия в России более популярна, чем, например, в Гер-

---

9 Многочисленные примеры устных высказываний Пастернака см. в [Гладков 1973].

мании. По воспоминаниям А. Гладкова, поклонника Пастернака, тот говорил: «Я много бы дал за то, чтобы быть автором "Разгрома" или "Цемента". Да-да, и не смотрите на меня с таким удивлением. Поймите, что я хочу сказать. Большая литература существует только в сотрудничестве с большим читателем...» [Гладков 1973: 63].

За «идеей безусловного», которая находится в центре процитированного выше письма Пастернака к сестре, скрывается также мысль, которая даже по способу своего выражения указывает на влияние идей философа В. С. Соловьева. Безусловное (или же *абсолютное*), по сути, центральные понятия в его «Богочеловечестве»:

> Религия, говоря вообще и отвлеченно, есть связь человека и мира с безусловным началом и средоточием всего существующего. Очевидно, что если признавать действительность такого безусловного начала, то им должны определяться все интересы, все содержание человеческой жизни и сознания, от него должно зависеть и к нему относиться все существенное в том, что человек делает, познает и производит. Если допускать безусловное средоточие, то все точки жизненного круга должны соединяться с ним равными лучами. Только тогда является единство, цельность и согласие в жизни и сознании человека, только тогда все его дела и страдания в большой и малой жизни превращаются из бесцельных и бессмысленных *явлений* в разумные, внутренне необходимые *события* [Соловьев 1989] (курсив В. С. Соловьева. — *У. Ш.*).

Это понятие сыграло важную роль в символизме, но несколько иным образом. Речь идет о «безусловном», или «абсолютном». С точки зрения человека искусства, *абсолют* может быть достигнут только через искусство — точнее, постичь и передать его можно только посредством искусства. Художнику-символисту, таким образом, отводится роль жреца *абсолюта*. Соловьев в трактате «Общий смысл искусства» полагал, что «художники и поэты должны вновь стать жрецами и пророками, чтобы преобразить Землю сверхъестественной силой» [Tetzner 2013: 214]:

«Совершенное искусство в своей окончательной задаче должно воплотить абсолютный идеал не в одном воображении, а и в самом деле, — должно одухотворить, пресуществить нашу действительную жизнь» [Соловьев 1988: 404].

Помимо религиозного аспекта, который в конечном итоге становится значимым в «Докторе Живаго», важную роль в нем играет и философский момент напряженности, возникающей между пониманием реальности и художественным вымыслом. А «жречество» в конечном итоге лишь имплицитно. Мы не будем сейчас углубляться в эту тему, поскольку речь идет не о мировоззрении Пастернака в целом, а о романе «Доктор Живаго» и, если можно так выразиться, о вписанности романа в литературный процесс XX века. Однако стоит отметить следующее: Пастернак, русский писатель, живущий и творящий в Советском Союзе, воспринимает свое творчество — особенно прозу — как выражение безусловного или абсолютного, а не как отражение действительности в революционно-утопической перспективе. Писатель постоянно находится в опасности, даже если эта опасность заключается в том, что ему следует молчать. В марте 1954 года (во время написания письма) уже прошел год со смерти Сталина; на мгновение людям показалось, что «все (еще раз) переменится», — однако ничего не переменилось. И то, что «Доктор Живаго» не был разрешен к публикации в СССР до 1988 года, в некотором смысле закономерно.

В конце концов, кажется удивительным, что эпическая проза, как никакая другая, приближает Пастернака-прозаика *к идее абсолюта* или позволяет ему адекватно ее выразить, тогда как поэзия, которая в формальном выражении более искусна, очевидно, менее способна помочь ее достичь. Символисты в свое время придерживались иного мнения. В особенности поэзия позволяла им не только создавать, но и передавать движения души и внутреннее mare tenebrarum[10], то есть доносить их до адресата и вызывать в нем ответные чувства. В загадочном высказывании Пастернака (в вышеприведенном письме О. Фрей-

---

[10] Море мрака (лат.). — *Прим. перев.*

денберг) все выглядит несколько иначе. На мой взгляд, ключ к пониманию его — это слово «жизнь». Сам Пастернак говорит следующее: вышеупомянутая «идея» «поддерживает меня и включает в себя и мою жизнь, и нормы поведения» [X: 22]. Поэзия, то есть «стихописание», появляется лишь как производное от чего-то более масштабного, всеобъемлющего. Поэзия — часть «строения души», определяемого «идеей», тогда как проза всеобъемлюща и охватывает все «строение души», а вместе с ним — и лежащую в основе идею божественной истины, которая раскрывается в жизни. Томас Тецнер так комментирует мнение Соловьева о том, что искусство означает преображение: Соловьев последовательно и логично определяет идеальную красоту как «духовную телесность» (преображение), тогда как в своей бренности преображение лишь «чистая бесполезность» [Tetzner 2013: 214]. В словах Пастернака, неоднократно говорящего о собственной неудовлетворенности, можно распознать философему В. С. Соловьева.

Я говорю об этом загадочном и противоречивом утверждении прежде всего потому, что Борис Пастернак по отношению к творчеству писателя использовал метафоры «полотна» (подразумевая прозу) и «этюда» (подразумевая стихи). Так, например, в устном выступлении, предваряющем чтение первых глав «Доктора Живаго» 5 апреля 1947 года, Пастернак произнес: «Стихотворение относительно прозы — это то же, что этюд относительно картины. Поэзия мне представляется большим литературным этюдником» [V: 467].

На мой взгляд, это сравнение также описывает соотношение шестнадцати прозаических частей «Доктора Живаго» и заключительной, стихотворной, части 17. Подобное говорит и Живаго — однако он прежде всего врач и только потом писатель, ведь из-под его пера вышел всего лишь один сборник стихов. И если присмотреться, то мы увидим, что именно рассказчик говорит о Юре Живаго и его литературной одержимости:

> Юра хорошо думал и очень хорошо писал. Он еще с гимназических лет мечтал о прозе, о книге жизнеописаний, куда бы он в виде скрытых взрывчатых гнезд мог вставлять самое

ошеломляющее из того, что он успел увидать и передумать. Но для такой книги он был еще слишком молод, и вот он отделывался вместо нее писанием стихов, как писал бы живописец всю жизнь этюды к большой задуманной картине.

Этим стихам Юра прощал грех их возникновения за их энергию и оригинальность. Эти два качества, энергии и оригинальности, Юра считал представителями реальности в искусствах, во всем остальном беспредметных, праздных и ненужных [IV: 66–67].

Несмотря на то что связь этих строк с приведенной выше цитатой из переписки с Ольгой Фрейденберг отрицать нельзя, так же очевидна и проблема их безусловного соотнесения. Пренебрежительное отношение позднего Пастернака к собственным ранним стихам и не по возрасту умные размышления юного Живаго не имеют между собой ничего общего, скрывают самого психофизического автора романа. Первое (отношение к стихам) можно было бы объяснить при необходимости как чисто психологический момент применительно к самому Пастернаку и, художественно-теоретически, к ситуации и прочему, второе же (размышления Юрия Живаго) объяснимо функционально, то есть по функции в произведении.

В частности, речь идет о мотивировке этого суждения. Можно подумать, что гимназист Живаго не знает, о чем говорит, — он пока еще действительно слишком молод. В конце (романа) остаются именно его стихи. Ужели они имеют меньшую ценность, чем несвязные взгляды Живаго на *жизнь, безыскусные* взгляды на *реальность*? Любой читатель может сам это проверить и сделать свои выводы. Но в то же время утверждение рассказчика мотивирует воспринимать стихотворный раздел как самостоятельный и возникший естественным образом, если бы не его функция в качестве завершающей «Части семнадцатой». Принимая это во внимание, слова повествователя можно рассматривать как некую недосказанность, как представление стихов с самого начала в определенном свете, как установку к их восприятию и т. д. Прямая связь с биографией Пастернака разрушает эту функциональность и в дальнейшем нужна для того, чтобы опровергнуть якобы неоспоримое и эстетически значимое предположение о том, что Живаго и Пастернак идентичны. Особенности беллетризации биографии, программное смешение *искусства* и *жизни* мы обсудим позже: все это прямо относится к атмосфере рубежа веков и, следовательно, условно относится и к молодому Живаго, который à la Соловьев рассматривает искусство как «беспредметное, праздное и ненужное», а свои стихи воспринимает как отражение настоящей *энергии* и *самобытности*, то есть самой *жизни*. Кстати, для начинающего врача эта точка зрения кажется вполне уместной или мотивированной, даже вне контекстуального признака особого восприятия искусства рубежа веков.

Простота и ясность

Оппозицию «речь прозаическая vs стихотворная» я связываю со стремлением автора выражаться просто и ясно. Это похоже на уступку господствующей идее соцреализма, но причины, несомненно, кроются в другом, особенно если взглянуть на некоторые стихи Пастернака позднего периода. Я имею в виду сборник «На ранних поездах» (1943) или (что кажется более убедительным) стихотворение «Нобелевская премия» (1959)[11], поскольку в этом случае отсутствие следования упомянутой догме несомненно. Это стихотворение из-за скандала с присуждением премии получило большую известность; его также можно охарактеризовать как простое и ясное — как и упомянутый выше сборник.

Нобелевская премия

Я пропал, как зверь в загоне.
Где-то люди, воля, свет,
А за мною шум погони,
Мне наружу ходу нет.

---

[11] Литературоведческий анализ см. [Steltner 1993: 180f]. Владимир Набоков, литературный соперник Пастернака, опубликовал пародию на это стихотворение [Hughes 1989: 154].

Темный лес и берег пруда,
Ели сваленной бревно.
Путь отрезан отовсюду.
Будь что будет, все равно.

Что же сделал я за пакость,
Я, убийца и злодей?
Я весь мир заставил плакать
Над красой земли моей.

Но и так, почти у гроба,
Верю я, придет пора —
Силу подлости и злобы
Одолеет дух добра [II: 194–195].

Стихотворение очерчивает реальность практически полностью сигнификативно, а не посредством «фантазийных» или «актуа-лизированных» представлений. Художественный метод Пастер-нака здесь можно обозначить как «косвенно, но конкретно», то есть средствами так называемых переносных речевых значений, которые молодой поэт имел в своем арсенале в большом объеме и которыми владел безупречно [Ingarden 1968: 55–63; Ingarden 1972: 362–364]. Исключение составляют (помимо сравнения с «загоном») первая и вторая строки второй строфы — образ природы и его косвенная отсылка к изображаемой угрозе или безысходности.

Стихи Юрия Живаго, занимающие промежуточное положение по времени создания между выходом книги «На ранних поездах» и стихотворением «Нобелевская премия», напротив, демонстри-руют несколько иной стиль. Они не мотивированы как стихи Пастернака, то есть не отсылают к нему как к автору-субъекту, а представлены в качестве стихов доктора Живаго. На значимость этого факта указывают слова Пастернака в письме к Фрейденберг от 20 марта 1954 года: «...создает то внутреннее душевное по-строение, в одном из ярусов которого может поместиться бес-смысленное и постыдное без этого стихописание» [X: 22]. В ка-честве стихов доктора Живаго и их многократной мотивации в прозаическом тексте, они допустимы — с нравственной, художественной или иной точки зрения — внутренней позицией поэта Пастернака.

Несомненно, термины «простота» и «ясность» нуждаются в уточнении. Речь идет о риторических категориях, и рассуждать о них в качестве таковых было бы здесь неуместно. Что же касается различия между ранними и поздними стихами Пастернака, а также между его ранней и поздней прозой, то можно сказать, что это различие характеризуется доступностью текста. Контекстуально эта проблематичность проявляется в кратком противостоянии с Максимом Горьким в 1920-е годы, в результате которого Пастернак приходит к пониманию «новой» («классической») простоты[12]. Горький, в частности, писал ему:

> Не скрою от Вас: до этой книги [речь идет об издании поэмы «1905 год»] я всегда читал стихи Ваши с некоторым напряжением, ибо — слишком, чрезмерна их насыщенность образностью и не всегда образы эти ясны для меня; мое *воображение* затруднялось вместить капризную сложность и — часто — недоочерченность Ваших образов. Вы знаете сами, что Вы оригинальнейший творец образов. Вы знаете, вероятно, и то, что богатство их часто заставляет Вас говорить — рисовать — чересчур эскизно [Горький 2014: 63][13].

Горький, очевидно, не находит подхода к этой поэзии, поэтому в начале цитируемого письма как бы для captatio benevolentiae[14] признается в этом. В следующем письме он довольно скептически отзывается о творчестве Марины Цветаевой [Там же: 64–65][15].

---

[12] См. [Döring 1973: 289].

[13] Письмо Пастернаку из Сорренто, 18 октября 1927 года; курсив Горького. — *У. Ш.* См. ответ Пастернака [VIII: 93–95].

[14] Снискания расположения. — *Прим. перев.*

[15] Письмо Пастернаку из Сорренто, 19 октября 1927 года. Примечательно, что в 1927 году в газете русской эмиграции «Руль» (Берлин) Владимир Набоков позволил себе более негативное высказывание о поэзии Пастернака, написав, что Пастернак владел русским языком «плоховато». См. [Hughes 1989: 169]. Отношения Набокова с Пастернаком оставались неоднозначными до смерти авторов.

На экземпляре своего романа «Жизнь Клима Самгина», который он посылает Пастернаку в подарок месяцем позднее, Горький пишет посвящение: «Пожелать Вам "хорошего", Борис Леонидович? Боюсь — не обиделись бы Вы, ибо: зная, как много хорошего в поэзии Вашей, я могу пожелать ей только большей простоты» [Там же: 102][16]. За этими словами стоит *реализм*, который можно интерпретировать в том числе идеологически и который в целом осложнит жизнь русской поэзии с 1930-х годов, поскольку *ясность* в конечном счете означает *понятность*. Эта *понятность* касается сразу нескольких уровней художественного текста и, с другой стороны, возможности придать им (при необходимости — ситуативный) смысл. И, наконец, есть иррациональная составляющая, без которой искусства, собственно, нет и которая (если не отходить от темы Пастернака) возникает именно из неясной или «туманной» образности. Здесь сразу вспоминается Гуго Фридрих, который в своем фундаментальном труде «Структура современной лирики», опубликованном в середине 1950-х годов, вновь и вновь использует термины «темнота» или «таинственность»:

> Первое знакомство читателя с этими поэтами, еще до серьезного размышления, приближает его к динамической сущности подобной лирики. Ее темнота фасцинирует и запутывает в равной степени. Ее вербальное колдовство и таинственность действуют повелительно, хотя понимание и дезориентировано [Фридрих 2010: 17].

Для сравнения возьмем ранее стихотворение Пастернака «Не трогать» из сборника «Сестра моя — жизнь» 1917 года и проследим, как создается это «туманное» в его творчестве. Приведенное стихотворение не самый яркий пример, но даже в этом случае стоит обратить внимание на структуру поэтической речи, использующую игру слов, аллитерации и сближение слов по звуковому облику.

---

16 Письмо Пастернаку из Сорренто, 30 ноября 1927 года. Пастернак в письме от 23 ноября 1927 года просил Горького прислать ему роман «Жизнь Клима Самгина» с посвящением и пожеланием «чего-нибудь хорошего» [VIII: 132].

Не трогать

«Не трогать, свежевыкрашен», —
    Душа не береглась,
И память — в пятнах икр и щек,
    И рук, и губ, и глаз.

Я больше всех удач и бед
    За то тебя любил,
Что пожелтелый белый свет
    С тобой — белей белил.

И мгла моя, мой друг, божусь,
    Он станет как-нибудь
Белей, чем бред, чем абажур,
    Чем белый бинт на лбу! [I: 123]

Для полноты картины хотелось бы отметить, что в приведенном выше стихотворении о Нобелевской премии отсутствует как игра слов, так и фонетическая инструментовка, не считая конечной рифмы. Если фонетические соответствия и есть, то их трудно реализовать эстетически, потому что на первый план выходят ясные и понятные пропозиции. В 1930-е годы «туманная» поэзия, которой Пастернак был верен еще в 1920-е, становится все более неактуальной. В своей книге о *Берлинском цикле стихотворений* Б. Пастернака В. Беленчиков выдвигал тезис, что «второе рождение» Пастернака-поэта состоялось уже после его возвращения в Советскую Россию из Берлина в 1923 году, не в конце 1920-го и не под влиянием Горького или кого-нибудь другого, ведь в политической ситуации того времени за возвращение обратно в Советскую Россию поэту нужно было платить дань новым властителям, а именно — переходом к пролетарской, еще а-ля Маяковский, простоте [Belentschikow 1998: 15]. Вопрос лишь в том, в какой степени проявляется это объективируемое движение к «простоте» и в какой — идеологизация русской литературы. Как минимум вопрос о простоте и ясности имеет отношение не только к неприятию Пастернаком своего раннего творчества.

Мне кажется, что простота и ясность — это признаки, которые, по крайней мере в принципе, могут быть реализованы в прозе или отсутствие которых в прозе бросается в глаза еще более заметно. Как уже цитировалось выше, Пастернак в начале 1920-х годов говорил Вячеславу Полонскому о «технических эффектах», от использования которых он хотел бы воздержаться в прозаических произведениях. С формальной точки зрения поэзия определяется совершенно иначе, нежели проза. Поэзия основана на «технических эффектах», которые изначально свидетельствуют о своем праве быть искусством, даже если они не используются или не должны использоваться. Однако только на первый взгляд кажется, что «нетехничность» (или «незамысловатость») легче реализовать в прозе. О понимании этой проблемы свидетельствует желание Пастернака писать просто, будто он пишет письмо. И все же открытым остается вопрос, может ли быть написан (а впоследствии — прочитан и понят) роман без «технических эффектов», то есть без методик, соответствующих объемному тексту и его восприятию, иными словами — без использования жанровых особенностей. Другими словами, можно ли написать роман «просто так», будет ли он должным образом прочитан или понят, не говоря уже о его эстетическом воздействии. Однако и здесь заявка на статус произведения искусства остается основополагающей.

Как уже упоминалось, в 1948 году Пастернак писал Ольге Фрейденберг, что не знает, «осталось ли на свете искусство и что оно значит еще». Тональность этого высказывания определению не поддается: свидетельствует ли оно о покорности писателя перед преобладающими догматическими ограничениями, или же в некоторой степени оправдывает стиль, который Пастернак использует при написании романа, или и то и другое вместе? В любом случае выражение «что оно [искусство] значит еще» применительно к литературе прежде всего означает признание читателя. С точки зрения литературной традиции достаточно жанрового обозначения «роман», оно же предпослано «Доктору Живаго». Тем не менее можно привести две замечательные цитаты из воспоминаний Александра Гладкова, доказывающие, что

Пастернак в ходе беседы мог дать более ясное определение того, что для него означает искусство:

> Художник должен иметь мужество сопротивляться вкусам своих поклонников, бунтовать против их инстинкта заставить его повторяться [Гладков 1973: 63][17].
> Стремление к чистоте жанра свойственно только так называемым эпигонам. Открыватели и родоначальники варварски смешивают разнородные стилистические и композиционные элементы, оказываясь победителями, не по законам вкуса, а по его инстинктивному чутью. И их беззаконные победы потом становятся образцом для новых толп подражателей... [Там же: 64].

---

[17] Много лет спустя Пастернак высказался в том же духе в письме шведскому слависту Нильсу Оке Нильссону, см. [Nilsson 1959: 107].

3. Проза романа «Доктор Живаго»

Водораздел всего текста романа между частями 16 и 17 побуждает читателя к тому, чтобы обращаться к каждой части отдельно, а в случае сомнений — пренебречь семнадцатой — стихотворной — частью романа. К тому же стихи издавались отдельно, декламировались Пастернаком и даже распространялись частным образом. Я вижу в этом своего рода аукториальное свидетельство возможного рецептивного разделения обеих частей, порожденного особенностями этого романа. Но, само собой разумеется, обе части — взятая каждая в отдельности — отличаются от текста в целом, в который они интегрированы.

Чтобы обратиться к другим особенностям романа, я хотел бы кратко упомянуть об экранизациях, поскольку воплощение произведения на другом носителе, а также возможность разделения частей или «затенения» в процессе восприятия помогают прояснить стиль произведения и тем самым — основу его эстетического воздействия. В киноверсию была перенесена только прозаическая часть, точнее — визуализируемая часть прозы. Несмотря на различие в стратегиях визуализации между отдельными фильмами, в них обнаруживается характерная особенность романа, позволяющая абстрактно отобразить мир и действующих в нем персонажей. К тому же выявляются границы исторического периода. Действие романа в первой части начинается задолго до Первой мировой войны и заканчивается частью 15 — 1920-ми годами. В части 16 «Эпилог» присутствуют наложенные друг на друга события, это два временных скачка — до 1943 года и «пять или десять лет» спустя. Но историческая обусловленность, как и структура изображаемого мира, остается в неизвестности. При необходимости они должны были бы быть дополнены по замыслу романа, в процессе его эстетической конкретизации. И даже сегодня, спустя 75 лет, периоды Великой Отечественной войны и конца сталинской эпохи становятся неразличимы[1]. Так, о конце правления Сталина говорит следующая цитата:

> Хотя просветление и освобождение, которых ждали после войны, не наступили вместе с победою, как думали, но все равно, предвестие свободы носилось в воздухе все послевоенные годы, составляя их единственное историческое содержание.
> Состарившимся друзьям у окна казалось, что эта свобода души пришла, что именно в этот вечер будущее расположилось ощутимо внизу на улицах, что сами они вступили в это будущее и отныне в нем находятся [IV: 514].

Мы видим, что здесь даются только эмоционально значимые для изображаемого мира моменты; значимость всем событиям придает точка зрения рассказчика. Это не историческая конкретика, какой могло бы быть упоминание даты смерти Сталина, 5 марта 1953 года, а лишь абстрактно описанная надежда на окончание страшных времен. Учитывая контекст, можно говорить об эзоповой речи, которая и определяет способ повествования на протяжении всего романа.

В любом случае для движения сюжета нужны реальные декорации, на фоне которых проявляются герои, и нужны они в той мере, в которой эти декорации мотивируют действия этих героев. В различных экранизациях этот исторический фон дан более или менее точно[2]. В той или иной степени создатели фильмов

---

[1] В еще большей степени это относится, конечно, к 1920-м годам, которые конструируют и формируют исторический период частей 1–15 в сознании читателя.

[2] Только в прекрасном семисерийном фильме, вышедшем на российском телевидении в 2006 году, «русский мир» показан детально. Столь подробное изображение отсутствует в обеих западных экранизациях, однако и в самом романе эти детали остаются в значительной степени неопределенными.

воздерживались от многочисленных (псевдо)философских отступлений, которые разворачиваются на историческом или изобразительном фоне, если они прямо не интегрированы в диалоги. Поэтому экранизации кажутся парафразом по отношению к главным героям и их психофизическим действиям. Они упрощают или даже стремятся *volens nolens*[3] показать банальность происходящего.

Наррация

При нынешнем разнообразии подходов в литературоведческих и культурологических кругах понятие наррации стало многозначным. Поэтому мне кажется уместным подстраховаться в отношении художественной или, скорее, эстетической релевантности этого термина, не отказываясь при этом от идеи, лежащей в его основе. *Описание* в широком смысле этого слова должно быть лингвистически мотивированным. Литература — это прежде всего искусство художественного слова; в силу своей природы она является частью общей культуры и не только выражает имеющиеся «культуремы»[4], но и отражает их, как бы по-разному ни концептуализировали ее прикладной характер. Речь идет о так называемой художественной литературе — о таких произведениях, которые воспринимаются фикционально или *могут* быть восприняты в качестве таковых. Похоже, что именно в этом и кроется проблема романа «Доктор Живаго», о чем, например, свидетельствует натянутость между выше упомянутыми аукториальными эмоциями и противоречивым восприятием читателей. Лингвистика текста, особенно начиная с 1960–1970-х годов, пыталась классифицировать тексты и вый-

---

Российская экранизация характеризуется достоверным изображением фона — соответствующего исторического периода. Укажем, что в то же время сериал имеет подзаголовок «По мотивам романа».

[3] Поневоле. — *Прим. перев.*

[4] Термин «культурема» как описание «атомов культуры, случайное скопление которых и образует культуру данного общества» предложен французским социологом и культурологом А. Молем. См. [Моль 2008: 175]. — *Прим. ред.*

ти на след определенных особенностей за пределами предложения. Структурализм тоже интенсивно занимался теорией повествования. Существует целый ряд подобных экспериментов, обсуждать которые я здесь не буду по прагматическим причинам. Мне хотелось бы противопоставить два подхода и применить их к роману «Доктор Живаго», с тем чтобы достичь более высокой плотности изложения.

Эгон Верлих на основании лингвистического подхода разработал типологию, включающую в себя фикциональные тексты. Подход Верлиха к «текстовым базам», связанным с предложениями, подразумевает рассмотрение *наррации* как исключительно временного континуума: автор высказывания, упорядочивая лингвистически оформленную реальность, фокусируется на ее ситуативности во времени [Werlich 1979: 38]. В соответствии с этой классификацией типу *наррации* соответствуют «объективная текстовая форма» — сообщение, а также «субъективные текстовые формы» — повесть либо история. Здесь берут свое начало «истоки текстовых форм», которые затем в соответствии с правилами выдают определенные варианты. Эти варианты «используются говорящими преимущественно или даже исключительно при создании *фикциональных текстов* (например, сказок, повестей и романов)» [Werlich 1979: 38] (курсив в оригинале).

Наррацию романа «Доктор Живаго» можно было бы понять с помощью обычной парафразы, в которой фиксировались бы в определенной последовательности этапы жизни главного героя Юрия Живаго. Несомненно, такой подход здесь не составляет труда, на что указывают в том числе экранизации. Мир, изображенный в романе, предстает и развивается как временной континуум, почти без аукториальных предвестий и оглядок назад, хотя и непостоянно. Присутствуют разрывы во времени, а в конце книги — два временных отступления. Однако семнадцатая часть «Доктора Живаго», стихотворная, находится за пределами описываемого в романе времени, хотя ее возникновение и оговаривается в прозаической части. Она существует будто бы вне времени.

Читатель следует за главным героем Юрием Андреевичем Живаго на протяжении всей его жизни. Роман начинается смертью матери, когда Юре исполнилось пять лет, и заканчивается смертью самого героя в конце 1920-х годов. В последующем эпилоге время романа сжимается: главные герои здесь дочь Юрия Таня, появившаяся из ниоткуда в 1943 году, о существовании которой он не знал до самой смерти, два друга и сводный брат Евграф, личность которого в романе не была подробно раскрыта. В последнем разделе эпилога, занимающем не более полустраницы, говорится о том, что прошло «пять или десять лет»[5]: в ней Гордон и Дудоров, друзья Живаго, читают «составленную Евграфом тетрадь Юрьевых писаний» [IV: 514]. Понятие «субъективный» в определении Верлиха делает линейную последовательность событий не информативным «сообщением», а субъективным «рассказом». Это понятие выражается в крайне индивидуальном подборе и расположении слабо связанных между собой ситуаций, а также описании сопряженной с ситуациями *личной жизни* главного героя, то есть *личной судьбы* Живаго в свете исторически обусловленной кулисы, подготовленной временем XX столетия. Но это время остается в неизвестности; оно не объясняется вообще или же объясняется лишь фрагментарно. Предполагается, что читатель знаком с этим временем, с соответствующим историческим контекстом. Субъективность повествовательной картины мира в романе «Доктор Живаго» присутствует по умолчанию, и это означает, что в конечном счете эта субъективность и является признаком абстрактного автора, то есть «исполняющего обязанности» Пастернака, зафиксированного в тексте на уровне языковой логики, на которого указывает речь в целом. Таким образом, субъективность и есть намерение абстрактного автора по отношению ко всему повествованию, которое — в той мере, в какой роман «Доктор Живаго» читается как фикциональный текст, — остается неопределенным. Это и есть намерение абстрактного автора, и оно соотносится

---

[5] Как отмечалось выше, с точки зрения контекста неопределенного исторического периода «пять или десять лет» спустя — это, вероятно, 1953 год.

с метафорой письма, к которой Пастернак как психофизический автор прибегает в своей прозе.

Более распространенными, чем типология Верлиха, являются повествовательные грамматики различного моделирования, берущие свое начало в определенных корпусах текстов. В частности, В. Пропп опирается на корпус русских сказок [Пропп 1972], Ц. Тодоров — на «Декамерон» [Todorov 1972], а У. Лабов и Д. Валецки — на устные рассказы и др. [Лабов, Валецки 1973]. Всех их объединяет наблюдение, что в повествованиях в конечном счете четко зафиксированы лишь две ситуации: начальное и конечное состояния, которые логически могут меняться местами. В отличие от методологии Верлиха, здесь в игру вступает причинность, то есть наррация основана на причинно-временных сменах событий и лежащих в их основе действиях. Возможно, предпочтение причинно-временной смены событий в художественной литературе основано только на условностях, как это следовало бы из модели Верлиха, но также возможно, что причинно-временной принцип (как стремились доказать Лабов и Валецки) представляет собой своего рода универсальность повествования.

Что касается наррации «Доктора Живаго», то применительно к нему оба подхода приводят в конечном счете к одному результату. При попытке применить основы «нарративных грамматик» трудно или даже невозможно найти оба категориальных состояния, то есть абстрагировать и описать их, поскольку, как оказывается при внимательном чтении, в романе отсутствуют целенаправленные действия. В конечном итоге отсутствует и конфликт как четкая граница, которую необходимо пересечь, чтобы перейти из состояния А в состояние Б. В романе главный герой проживает исторические обстоятельства, которые, в свою очередь, не тематизируются как таковые. Так, Ганс Майер определяет «акаузальность» как тайный «изобразительный принцип» романа Пастернака:

> Очевидно, что это сводилось к отказу от всякой философии истории и даже от простой социальной причинности, что акаузальное параллельное существование рассматривалось

романистом как адекватное изобразительное средство для описания первого предвоенного периода, Февральской революции, Октябрьской революции, Гражданской войны и возникновения Советского Союза [Mayer 1962: 207f].

Стремясь во что бы то ни стало выделить центральный конфликт романа, можно предположить, что таковым является «претерпевание» истории Юрием Живаго. Спустя более 65 лет после первой публикации романа кажется, что 1920-е годы до сих пор хранятся в актуальной памяти, по крайней мере в самой России, хотя позиция власти по отношению к этому периоду все еще не однозначна. 30-летний (1958–1988) период запрета на публикацию «Доктора Живаго» в Советском Союзе был связан в том числе и с официальной трактовкой революции 1917 года и Гражданской войны. В любом случае потрясения 1920-х годов стали для романа такой же точкой отсчета, как и повороты Тридцатилетней войны для «Симплициссимуса» Г. Я. К. Гриммельсгаузена.

Конфликт, присутствующий по умолчанию в отношениях между личностью и историей и требующий знания контекста для более глубокого его понимания, не может быть должным образом представлен в романе, так как Живаго не противодействует истории. Он пассивный герой, который не может ни победить, ни потерпеть поражение. Он просто живет своей жизнью, перемещаясь в описываемый период из Москвы в Сибирь и обратно (во время Первой мировой войны добираясь и до Галиции); у него три жены и пятеро детей. Я формулирую это нарративное заключение нарочито провокационно, потому что в экранизациях визуализированы именно эти события и, конечно, исторический контекст, в частности дикая и загадочная Россия 1920-х годов. Даже условная любовная интрига в варианте «мужчина любит двух женщин» несостоятельна, потому что оставленная жена принимает свою судьбу и безропотно уезжает за границу. В дальнейшем Живаго позволяет своей возлюбленной, то есть Ларе, расстаться с ним, даже не подозревая об этом. Он обманывает для ее же блага, чтобы спасти от большевистского террора. Наконец, Живаго ведет одинокое существование в Москве с третьей женой, которая почтительно уступает место Ларе у его гроба, явно не испытывая к ней негативных эмоций или не осознавая их. Так же и Лара: она не только случайно появляется из ниоткуда на похоронах Живаго, но и не задает никаких вопросов. Она впадает в некое состояние подавленности, отрешенности и осознания собственных прегрешений. Причины поведения женщин и их судьбы остаются в тени или в смутном намерении абстрактного автора, которому нельзя задать вопрос. Здесь я хотел бы сослаться на исследования в области детской психологии, которые предполагают, что казуальная структура может рассматриваться как своего рода четвертая функция языка, или уровень языка. Это означает, что наррацией дополняются следующие уровни: 1) фонетика и фонология; 2) морфология и синтаксис; 3) семантика. Условием существования наррации является выход за границу предложения (строго говоря, это условие относится к синтаксису; разумеется, оно относится и к семантике[6]). Причинность в повествовании, которая добавляется к временной структуре, может быть понята системно. При ее реализации образуются особые, эстетически значимые связи; в конечном итоге реципиент должен отреагировать на наличие или отсутствие причинности в ходе повествования. Отсутствие внятной причинной и временной структуры «Доктора Живаго» вводит реципиента в замешательство. Объемный прозаический текст, определяемый как роман (априори из категории фикционального), со сборником стихов в качестве заключительной части, но без определенного конфликта воспринимается как уникальное литературное явление. Текст обладает двойной «недостаточностью», не позволяющей классифицировать это произведение только на основании читательского восприятия. Это порождает категориальную «нерешительность» в отношении фикционального или нефикционального текста, что влечет за собой невозможность его четкой жанровой классификации. В таком замешательстве оказывались первые читатели романа.

---

[6] См. [Piaget 1980; Kabasci 2009].

Художественная функциональность всех частей романа, а именно: событийность, действующие персонажи и прежде всего многочисленные отступления, — создается *на ощупь*. Преобладающая на первый взгляд временная последовательность в действительности не порождает никакой интриги. Следовательно, читатель наблюдает отсутствие значимого художественного условия нарративной прозы. Подобный текст мог бы длиться вечно[7]. Однако полноценный эстетический объект может быть сформирован только в том случае, когда присутствуют организующие аспекты, благодаря которым части текста, фигурально выражаясь, держатся вместе. Аспекты упорядочивания текста можно найти в атрибутах персонажей, повествовательной перспективе, в «сферической цельности» изображаемого мира, в повторяющихся темах и мотивах, которые могут приобрести художественную функцию и вне причинно-временного континуума [Lämmert 1972: 95–192]. Однако для большего эффекта они должны поддаваться эстетической конкретизации в пространстве текста и потому возникать будто бы сами по себе.

В противном случае целостность понимается вне фикционального — игнорируется жанровое обозначение, и роман рассматривается как собрание высказываний Пастернака о религии, об истории и (не в последнюю очередь) об искусстве и о литературе, а стихи Юрия Живаго читаются как стихи самого Бориса Пастернака.

Персонажи, рассказчик, автор

Очевидно, что конфликт, относящийся непосредственно к тексту, в романе отсутствует, по крайней мере, нет того конфликта, который можно было бы рассматривать независимо от текста. Поэтому и персонажей «Доктора Живаго» нельзя разделять на главных и второстепенных, на переднем или заднем

---

[7] Это также означает риторический недостаток, поскольку конец текста просчитать нельзя. См. об этом ниже (глава 6).

фоне повествования. Ввиду обилия действующих лиц и их специфики я бы предпочел другую категориальную классификацию, а именно — упорядочивание персонажей по их обязательности, факультативности и независимости. Категории обязательных, факультативных и свободных (независимых) персонажей являются следствием теории валентности в отношении синтаксиса [Tesnière 1980: 161–201]. Как таковое понятие валентности, в свою очередь, заимствовано из естественных наук, точнее — из модели атома. Согласно лингвистической теории валентности конечный глагол как предикат образует (в индоевропейских языках) центр предложения, вокруг которого группируются различные актанты. *Обязательные* актанты зависят от количества валентностей, которые должны быть связаны для образования полностью валидного, то есть «правильно сложенного» предложения. Кроме того, существуют разные пустоты, связанные с глаголом; эти пустоты также могут быть заполнены, в них могут быть помещены *факультативные* актанты. Свободные (независимые) актанты находятся на уровне предложения в «настолько свободной связке с глаголом», что «могут быть добавлены или опущены по желанию почти в любом предложении» [Helbig 1971: 36].

Нижеследующее деление используется здесь как модель классификации персонажей романа «Доктор Живаго» в эстетически релевантном порядке. Конечно, возможна и более подробная дифференциация или дифференциация по другим критериям. По сути, используя лингвистическое понятие валентности по отношению к персонажам повествовательного произведения, я лишь «пре-образую» отправную точку Теньера, начинающего в своей «Книге-Б» раздел «Структура простого предложения» следующим образом:

> (1) Вербальный узел, лежащий в основе большинства европейских языков, можно сравнить с простейшей сюжетной ситуацией, небольшой драмой. Как и драма, он обязательно включает в себя события и, как правило, действующих лиц и обстоятельства.

(2) Если мы переведем реальность драмы на язык структурного синтаксиса, то событие будет соответствовать глаголу, действующее лицо — актанту, а обстоятельство — признаку [Tesnière 1980: 93].

Герои романа «Доктор Живаго» условно мотивированы «родством», «дружбой», «любовными связями» и другими отношениями. Появление персонажей, их встреча — все их действия подчиняются случаю, ведь логически (с учетом описанной структуры) иначе быть не может.

Без сомнения, обязательным персонажем является сам Живаго, поскольку без него изображаемый в романе мир не имел бы центра. Мир романа завязан на Живаго, так как буквально назван его именем.

Факультативные герои — это действующие лица, состоящие с Живаго в динамических отношениях. Эти отношения формируют функции персонажей лишь в изображаемый период (как полноценные герои со своими мотивациями и характерами они находятся за пределами описанных связок). Здесь в первую очередь стоит упомянуть Лару, временную возлюбленную Живаго. С течением времени эта структура динамизируется и тем самым формирует важный художественный момент: Лара снова и снова случайно встречается с Живаго. Сначала она появляется (по отношению к Живаго) таинственной девушкой, затем Живаго встречает ее как медсестру на галицийском фронте, позже, после двух лет нахождения на военной службе, — в библиотеке сибирского местечка Юрятина или там же в плену у красных партизан. Наконец, она случайно приходит к его гробу в Москве. Однако она не имеет статуса обязательного персонажа, поскольку Лара всего лишь одна из трех жен Живаго, а «любовная интрига» Живаго и Лары не является центром романа[8]. Факультативными действующими лицами в указанном смысле являются также таинственный сводный брат Живаго Евграф, адвокат

---

[8]   Популярность голливудской экранизации 1965 года объясняется, вероятно, смещением центра к любовной интриге и игрой Омара Шарифа и Джули Кристи.

Комаровский, Павел Антипов под псевдонимом Стрельников и, возможно, друзья Живаго — Гордон и Дудоров. Их функции с точки зрения содержания можно описать, прибегая к морфологии волшебных сказок Проппа (это позволит нам не просто пересказывать действия фигурантов, а оставаться в рамках, очерченных моделью предложения Теньера). Живаго мог бы быть «героем», однако вопрос в том, какую задачу он должен выполнить, поскольку только при наличии таковой он может называться «героем» и только в этом случае могут появиться «вредители» и «помощники». Однако доказательства подводят нас к противоположному аналитическому выводу. Как бы это странно ни звучало, Евграф помогает своему сводному брату Юрию выживать или просто жить.

И наоборот, можно сделать вывод, что именно в этом и состоит задача «героя» Живаго — (вы)жить. Это также не противоречит ни результату обсуждения наррации, ни необычному напряжению между фоном изображаемого исторического периода и судьбой героя. Нереальная, сказочная роль его сводного брата проявлена в дневниковой записи Юрия:

> Удивительное дело! Это мой сводный брат. Он носит одну со мною фамилию. А знаю я его, собственно говоря, меньше всех.
> Вот уже второй раз вторгается он в мою жизнь добрым гением, избавителем, разрешающим все затруднения. Может быть, состав каждой биографии наряду со встречающимися в ней действующими лицами требует еще и участия тайной неведомой силы, лица почти символического, являющегося на помощь без зова, и роль этой благодетельной и скрытой пружины играет в моей жизни мой брат Евграф? [IV: 286–287].

Функция Комаровского — «носитель зла» («вредитель» в терминологии Проппа). Он соблазняет Лару, он же причиняет зло и Живаго, причем парадоксальным образом: помогает спасти Лару от партизан, но при этом разлучает ее с Живаго, чем мешает его выживанию:

> Он [Юрий] вошел в дом. Двойной, двух родов монолог на-
> чался и совершался в нем: сухой, мнимо деловой по отно-
> шению к себе самому и растекающийся, безбрежный,
> в обращении к Ларе. Вот как шли его мысли: «Теперь
> в Москву. И первым делом — выжить...» [IV: 450][9].

Но Лара не спасается по-настоящему, как не спасается и ее муж,
Антипов. Под псевдонимом Стрельников он командует партизан-
ским отрядом и дважды обретает случайную власть над
жизнью и смертью Юрия Живаго. В псевдониме Антипова
можно увидеть слово «Расстрельников» — «тот, кто расстрели-
вает», кто потенциально несет зло. (В любовной связи между
Ларой и Живаго соперничество последнего с Антиповым не
рассматривается.)

Друзья Живаго Гордон и Дудоров также могут быть причис-
лены к категории независимых персонажей. В некотором смысле
они заменяемы, как и другие действующие лица. Они и остались
бы лишь образами воспроизведенного в романе мира, если бы
заключительное слово, слабо мотивированное *дружбой*, не осталось бы за ними и если бы они не передали тетрадь со стихами.
Они становятся «помощниками», или даже *альтер эго* Живаго,
потому что в конечном итоге обретают право интерпретации
всех произошедших событий. Например:

> И Москва внизу и вдали, родной город автора и половины
> того, что с ним случилось, Москва казалась им сейчас не
> местом этих происшествий, но главною героиней длинной
> повести, к концу которой они подошли, с тетрадью в руках,
> в этот вечер [IV: 514].

Принимая выживание как задачу, которую необходимо выполнить (можно сказать, что Живаго все же «переживает самого

---

9   Можно сказать, что в этот момент (по крайней мере, в немецком переводе)
    задача «героя» Живаго становится явной (если воспользоваться формальным
    выражением). Однако в русском языке существует семантическое различие
    между «выжить» (то есть выстоять в конкретной ситуации) и «пережить»
    (пережить самого себя), то есть оставить себя в делах и поступках за преде-
    лами смерти, — это придает всей ситуации двусмысленность.

себя» — в своих стихах[10]), он в определенном смысле становится бессмертным, и два друга помогают ему в этом. Здесь я бы хотел прокомментировать некую «призрачность» действующих лиц. В романе отсутствуют какие бы то ни было описания персонажей, нет даже портрета Живаго[11], что затрудняет эстетическое восприятие. На первой странице романа мы узнаем, что у Юрия «курносое лицо»; в это время ему десять лет. Никаких иных внешних данных больше не дается. В этом смысле центральный герой романа так же «безлик», как и многие другие.

Несмотря на главную роль, Юрий Живаго как самостоятельный действующий герой появляется сравнительно поздно, а именно — в третьем разделе третьей части «Елка у Свентицких». Он начинающий врач. Юрий читает своего рода проповедь больной женщине (впоследствии его теще) о смерти, которой она боится. Более реальным становится Живаго в такого рода делах или, скорее, в связанных с ними высказываниях:

> Он расхаживал по комнате, говоря это. «Усните», — сказал он, подойдя к кровати и положив руки на голову Анны Ивановны. Прошло несколько минут. Анна Ивановна стала засыпать.
> Юра тихо вышел из комнаты и сказал Егоровне, чтобы она послала в спальню сиделку. «Черт знает что, — думал он, — я становлюсь каким-то шарлатаном. Заговариваю, лечу наложением рук».
> На другой день Анне Ивановне стало лучше [IV: 69–70].

---

[10] Дональд Дэви понимает «переживание [самого себя]» как воскресение, в том числе в творчестве («И, конечно, поэт воскресает посмертно в своих стихах» [Davie 1965: 104]), на примере игры слов «творчество/чудотворчество» (стихотворение (14) «Август»). Христос является для Дэви символом творца [Davie 1965: 155].

[11] В экранизациях этот недостаток, особенно заметный для визуального воплощения, решается подбором актеров, которые чем-то похожи на биографического автора, Бориса Пастернака. Наиболее яркий из них — египтянин Омар Шариф (кинофильм 1965 года), сходство ощущается и с британцем Хансом Мэтисоном (экранизация 2002 года), и, конечно, российский актер Олег Меньшиков (сериал 2005 года) — также высокий брюнет.

Важно отметить, что до этого случая другие врачи пытались лечить больную, но явно безуспешно.

Я считаю этот эпизод довольно показательным, поскольку образу Живаго постоянно даются как явные, так и скрытые положительные оценки. Например, даже в студенческие годы он был отличным диагностом, умел превосходно формулировать свои мысли и т. д. Юрий безупречен; если для ассоциативной точности использовать понятие из немецкого языка, то Живаго своего рода *Übermensch* (сверхчеловек). Для полноты картины добавлю, что «чудесным исцелением» Анны Ивановны как бы между прочим вводится по отношению к Живаго мотив Христа, который впоследствии сыграет важную роль в его стихах. Но об этом позже.

Выше названы лишь отдельные признаки, которые приданы героям романа. Наиболее яркий персонаж — легендарный сводный брат Живаго Евграф, обладатель «узких киргизских» глаз. Эта особенность упоминается в романе лишь однажды: будучи яркой характеристикой, она не является личным качеством персонажа — с ее помощью в роман вводится мотив, который можно было бы назвать «Россия в Азии». Тот же мотив обнаруживается в пространственном делении мира на условные «Москву» и «Сибирь» через путешествие Живаго туда и обратно. И, наконец, он же имеет литературный исток в «монгольском деле», то есть разрушении или спасении мира, и в персонажах романа Андрея Белого «Петербург» (1912–1913/1922), представителях «монгольского дела» — отце и сыне Аблеуховых. Как и в случае с большинством интертекстуальных ссылок, *sensu stricto*[12] здесь ничего доказать нельзя. Тем не менее смысловой потенциал этого образа можно сформулировать так: Евграф внутренне связан с силами, которым вынужден противостоять Юрий Живаго. Это единство сил порядка и разрушения. Один из персонажей романа представлен совершенно иначе — в духе реализма XIX века:

---

12 В узком смысле (лат.). — *Прим. перев.*

В комнату вошел толстый мужчина в серой рубашке, под-
поясанный широким ремнем. Он был в валенках, штаны
пузырились у него на коленках. Он производил впечатление
добряка, витающего в облаках. На носу у него злобно под-
прыгивало маленькое пенсне на широкой черной ленте.
Разоблачаясь в прихожей, он не довел дело до конца. Он не
снял шарфа, конец которого волочился у него по полу,
и в руках у него осталась его круглая войлочная шляпа. Эти
предметы стесняли его в движениях и не только мешали
Выволочнову пожать руку Николаю Николаевичу, но даже
выговорить слова приветствия, здороваясь с ним [IV: 42].

Среди обилия независимых действующих лиц этот герой
единственный, чья внешность описана столь подробно. В предыдущей главе автор называет Выволочнова «толстовцем». Более
в повествовании этот персонаж не появляется. Можно сказать,
что на мгновение рассказчик надевает маску реалиста, чтобы
изобразить толстовца в манере Толстого.

Наконец, есть персонажи, узнаваемые благодаря особенностям
их языка. Они изображаются через ненормативность речи:
крестьянский выговор Васи Брыкина (часть 15, раздел 4) или
просторечие дочери Живаго Татьяны (часть 16, раздел 4), когда
она рассказывает свою «страшную историю»[13]. То же можно
сказать и о народно-поэтических вкраплениях, таких как речь
солдатки Кубарихи (часть 12, раздел 7)[14]. Столь краткое описание

---

[13] Это напоминает особый прием русской драмы второй половины XIX века,
характерный для многих пьес А. Н. Островского или «крестьянской» драма-
тургии Л. Н. Толстого. Данный прием в романе вполне уместен, поскольку
персонажи лишены внутренней целостности, в той или иной степени они
просто «выставлены напоказ», продемонстрированы. Однако существует
мнение о том, что указанные стилистические контуры неверны (см. также
высказывание самого Пастернака о творчестве писателей-реалистов [Гладков
1973: 114]). Но с учетом фундаментальных и последовательных особенностей
текста творческое использование Пастернаком различных элементов просто-
речной или нелитературной лексики не удивительно. Оно имеет и свою
традицию, о чем свидетельствуют некоторые прозаические произведения
А. М. Ремизова, которого также критиковали за «неизобразительный» язык.

[14] В переводе на немецкий язык эта героиня была названа Quacksalberin —
'знахарка', 'ворожея', 'шарлатанка', 'юродивая'. — *Прим. перев.*

создает впечатление, что характеристики персонажей четко структурированы. На самом деле наоборот: многие из них обозначены лишь условно. Может показаться, что Пастернак таким образом создает каталог всех приемов изображения и представления героев, известных русской литературе[15]. Однако решающим для эстетического восприятия становится невероятная хаотичность персонажей и их характеристик — диалогов, речевых особенностей, тем, мотивов и аукториальных отступлений. Возможно, подробно исследуя все это, можно обнаружить или во всяком случае проследить структурные закономерности, указанные выше.

Сам рассказчик «Доктора Живаго» не принадлежит художественному миру романа. Согласно новой терминологии, логически упорядочившей неясную и мало совместимую понятийную систему, оперирующую распространенными противопоставлениями «я- vs он-рассказчик», мы имеем дело с повествователем «нефигурального»[16] типа, пишущим стандартным русским языком; его речь, следовательно, можно считать стилистически «неокрашенной» [Ohme 2015: 90–116]. Этот «нефигуральный и стилистически неокрашенный» рассказчик в романе «Доктор Живаго» характеризуется рядом особенностей, которые в конечном счете также имеют стилистическое происхождение, но при этом остаются в рамках стандартной письменной речи, являющейся в этом случае критерием неокрашенности[17]. Конечно, само понятие стандарта также можно поставить под сомнение, но оно является общепринятым, по крайней мере в художественной литературе. В частности, русское выражение «литературный язык» полностью отражает требования определенного стандар-

---

[15] См. об этом [Гаспаров 1993].

[16] То есть не являющегося персонажем. — *Прим. перев.*

[17] Андреас Оме понимает под этим «отклонение от стандарта, характеризующего рассказчика, например, через диалектную, социолектную или идиолектную лексику, через диалектные особенности на уровне фонологии и морфологии или через речевые ошибки <...> или в форме орнаментализма» [Ohme 2015: 105].

та. Особый интерес в связи с рассматриваемой мною темой «стихи vs проза» вызывает у меня связанный непосредственно с «лирической vs эпической» экспрессией вопрос об оказиональных включениях в иной стилистический контекст. Первый пример мы наблюдаем в самом начале романа (часть 1, раздел 2):

> Ночью Юру разбудил стук в окно. Темная келья была сверхъестественно озарена белым порхающим светом. Юра в одной рубашке подбежал к окну и прижался лицом к холодному стеклу.
> За окном не было ни дороги, ни кладбища, ни огорода. На дворе бушевала вьюга, воздух дымился снегом. Можно было подумать, будто буря заметила Юру и, сознавая, как она страшна, наслаждается производимым на него впечатлением. Она свистела и завывала и всеми способами старалась привлечь Юрино внимание. С неба оборот за оборотом бесконечными мотками падала на землю белая ткань, обвивая ее погребальными пеленами. Вьюга была одна на свете, ничто с ней не соперничало [IV: 7].

Прием антропоморфизации природы (это явление можно считать традиционным начиная с эпохи романтизма) выявляет характерную особенность повествовательного стиля раннего Пастернака — использование метонимий[18]. В процитированном отрывке мы наблюдаем смешение субъекта и объекта: рассказчик делает метель субъектом, а Юру — объектом, хотя из контекста следует наоборот. Герой мог бы быть активным началом, но на деле воспринимается как «претерпевающий» события. Такой прием остранения более уместен в поэзии, и он широко используется Пастернаком, особенно в ранних стихах.

На протяжении всего романа повествование ведется непоследовательно; часто рассказчик меняет ракурсы и точки зрения. Нередко он занимает внешнюю по отношению к событиям позицию; иногда использует несобственно-прямую речь, как бы сам становясь персонажем. Так, смену ракурса мы можем наблюдать

---

18 См. знаменитую статью Якобсона 1935 года «Заметки на полях о прозе поэта Пастернака» [Jakobson 1987; Якобсон 1987].

на примере внутреннего монолога Лары: «Ведь для него мама — как это называется... Ведь он — мамин, это самое... Это гадкие слова, не хочу повторять. Так зачем в таком случае он смотрит на меня такими глазами? Ведь я ее дочь» [IV: 26].

Трансформации манеры изложения появляются вновь и вновь, порой — будто на мгновение. Они запутывают, сбивают с толку, но в целом вписываются в хаотическое разнообразие всех возможных форм экспрессии. В самом начале романа на протяжении целого абзаца рассказчик, обращаясь к аудитории, радует ее пространным лирическим отступлением. Он следует приему, который в русскую литературу ввел Гоголь:

> ...и одно время в Москве можно было крикнуть извозчику «к Живаго!», совершенно как «к черту на кулички!», и он уносил *вас* на санках в тридесятое царство, в тридевятое государство. Тихий парк обступал *вас*. На свисающие ветви елей, осыпая с них иней, садились вороны. Разносилось их карканье, раскатистое, как треск древесного сука. С новостроек за просекой через дорогу перебегали породистые собаки. Там зажигали огни. Спускался вечер [IV: 8] (курсив мой. — *У. Ш.*).

Кроме того, в романе мы нередко наблюдаем и фактические нестыковки. Например, в отношении литературного наследия Живаго: оно якобы было утеряно, но в итоге оказывается частично опубликованным. Рассказчик проявляет некорректность, которая, однако, никак не влияет на процесс повествования[19]. Здесь мы вновь встречаемся с преобладающим принципом (ре)текстуализации, который выше — при описании персонажей — был назван мной хаотическим. Вопрос, обладает ли текстуальный принцип хаотичности художественной функцией и в чем заключается эта функция, на данный момент остается открытым. Что же касается использования иносказаний, то следует обратить внимание на то, кому они принадлежат. Очевидно, что иноска-

---

[19] См. подробнее [Ohme 2015: 233–263]. Такая некорректность семантически маркирует этот эпизод.

зание используется в романе различными способами и, следовательно, обладает разным эстетическим воздействием:

> Первые предвестия весны, оттепель. Воздух пахнет блинами и водкой, как на масляной, когда сам календарь как бы каламбурит. Сонно, масляными глазками жмурится солнце в лесу, сонно, ресницами игл щурится лес, маслянисто блещут в полдень лужи. Природа зевает, потягивается, переворачивается на другой бок и снова засыпает [IV: 284–285].

Если первые два предложения представляют собой запись Живаго в его дневнике, то последние два играют другую роль: с их помощью рассказчик передает чувства самого Живаго. Это значимое различие, даже если в определенных границах изложение сопоставимо. Остранение сильнее всего проявляется в случае субъект-объектной замены (о ней мы говорили выше — в связи с восприятием пятилетнего Юры), поскольку эта замена никак не поясняется[20]. Как говорилось выше, Пастернак еще в 1920 году постулировал свой отказ от «технических эффектов». Он повторил это и после 1945 года, объявив, что пишет «в плохом смысле по-домашнему, с какой-то серостью и наивностью, которую разрешал себе и прощал» [X: 72]. В 1920-х годах под влиянием Горького Пастернак заметно начал стремиться к простоте и ясности. С учетом выявленной мной хаотичности не без иронии можно утверждать, что отказ от «технических эффектов» привел к полной противоположности простоты и ясности стиля. Я ни в коем случае не критикую намерений Пастернака, допуская, будто они превратились в свою противоположность из-за абсолютного непрофессионализма его как автора; скорее, я пытаюсь выявить логику этих намерений. Как следствие, эта логика различными способами обнаруживается в структуре текста. Поэтому гадать, была ли такая структура заранее запланированной или возникла из универсальных правил языковой системы и требо-

---

[20] Оба случая описаны Виллемом Г. Вестстейном как доказательство метонимической связи между протагонистами и природой без учета различия мотивов [Weststeijn 1997: 485].

ваний к текстовому воплощению в непременной связке с определенным творческим замыслом, — не более чем праздное времяпрепровождение.

Ближе к концу романа действие будто бы раскрывается, объясняется, но вновь, что типично для «Доктора Живаго», рассказчик и автор наводят читателя на ложный след. Живаго тщетно пытается упорядочить хаотический материал своих сочинений, подчиненных единственной теме — городу[21]. Далее рассказчик сообщает нам, что среди бумаг была найдена запись Живаго. Я хотел бы выделить ее основную мысль — размышление об искусстве:

> Беспорядочное перечисление вещей и понятий с виду несовместимых и поставленных рядом как бы произвольно, у символистов, Блока, Верхарна и Уитмена, совсем не стилистическая прихоть. Это новый строй впечатлений, подмеченный в жизни и списанный с натуры.
>
> Так же, как прогоняют они ряды образов по своим строчкам, плывет сама и гонит мимо нас свои толпы, кареты и экипажи деловая городская улица конца девятнадцатого века, а потом, в начале последующего столетия, вагоны своих городских, электрических и подземных железных дорог. Пастушеской простоте неоткуда взяться в этих условиях. Ее ложная безыскусственность — литературная подделка, неестественное манерничание, явление книжного порядка, занесенное не из деревни, а с библиотечных полок академических книгохранилищ. Живой, живо сложившийся и естественно отвечающий духу нынешнего дня язык — язык урбанизма [IV: 485–486].

Случайное *со-присутствие* реальностей составляет шифр к *жизни* Живаго. Так, ложный след касается темы *города* (то есть Москвы). Эта тема, как выше упомянуто, еще раз возникает в самом конце прозаического раздела (см. выше). В завершение своей записи Живаго высказывается о городской жизни:

---

[21] «Статьи и стихотворения были на одну тему. Их предметом был город» [IV: 485].

Постоянно, день и ночь шумящая за стеною улица так же тесно связана с современною душою, как начавшаяся увертюра с полным темноты и тайны, еще спущенным, но уже заалевшимся огнями рампы театральным занавесом. Беспрестанно и без умолку шевелящийся и рокочущий за дверьми и окнами город есть необозримо огромное вступление к жизни каждого из нас. Как раз в таких чертах хотел бы я написать о городе [IV: 486].

Рассказчик комментирует эту запись так: «В сохранившейся стихотворной тетради Живаго не встретилось таких стихотворений. Может быть, стихотворение "Гамлет" относилось к этому разряду?» [IV: 486].

Перед нами — пример двойного сокрытия. Очевидно, что темой этого высказывания является жизнь, а не город. Здесь нужно отметить, что упомянутое стихотворение «Гамлет» заканчивается поговоркой, устанавливающей параллель между пространственными и временными категориями: «Жизнь прожить — не поле перейти». Наконец, я хотел бы поделиться некоторыми соображениями об «авторе» этого текста. Это так называемый «имплицитный», или «абстрактный» автор, который — как и почти все в структуралистской теории повествования — был как минимум поставлен под сомнение, если не отвергнут совсем. Термин «автор» вводит в заблуждение, но его концептуальный охват игнорировать нельзя. В романе как структуре присутствует общий замысел, который в силу своего фикционального характера остается в целом открытым (а не слегка приоткрытым) только потому, что смысл некоторых высказываний неясен, а психофизического автора — неважно, по какой причине, — спросить нельзя. И этот замысел нуждается в интерпретации.

Вся структура романа «Доктор Живаго» (и, как следствие, его эстетическое воздействие): название, распределение частей и разделов, отдельная часть 17 со стихотворениями, а также продуманная внутренняя композиция — непосредственно отсылает к абстрактному автору. Герой Живаго задуман им как врач, занимающийся литературой, при этом любовь к литературе для него явно важнее. В этом рассказчик открыто встает на сторону Живаго и положительно оценивает его. Более того, герой и автор говорят на превосходном литературном русском языке. Можно выдвинуть обоснованное предположение, что персонаж, рассказчик и автор являются проявлениями одной и той же фигуры, хотя это не *образный автотематический рассказчик*, чье «я» обладало бы особым суггестивным воздействием[22]. Обязательное обращение к Пастернаку как к первоисточнику тем не менее широко распространено в современном литературоведении[23]. Особенно это бросается в глаза сейчас, когда непродуктивные попытки найти автобиографическое начало в любом произведении не прекращаются, несмотря на исследования, начатые в 1920-х годах. С другой стороны, автобиографическое влияние, вероятно, все же присутствует в литературе XX века. В ее недрах сформировался уникальный эстетический феномен, в рамках которого автобиографизм выступает в роли полноценной художественной функции, как если бы текст мог быть «понят» только путем обращения к биографии психофизического автора. Можно сказать, что речь идет об иллюзии аутентичности высказываний, если предположить, что Пастернак и Живаго говорят об одном и том же, не будучи при этом тождественными.

Темы и мотивы

Темы и мотивы — это организующие составляющие, которые с художественной или эстетической точки зрения могут стать валентными, как только они будут восприняты. К сожалению, термины «тема» и «мотив», как и почти все литературоведческие понятия, концептуально многозначны. Поэтому я хотел бы начать

---

[22] Подробнее о таком типе рассказчика см. [Ohme 2015].

[23] См.: «Создавая своего литературного героя в романе, Пастернак определяет его как другого человека, но по законам, им же объявленным, пишет его через себя. В результате через героя просвечивает автор» [Пастернак 2017: 259]. Поэтому попытки однозначной идентификации взаимоотношений Пастернака и Живаго изначально обречены на провал.

обсуждение с конкретизации этих терминов по отношению к рассматриваемому тексту.

Борис Томашевский был, вероятно, первым, кто уже в середине 1920-х годов в рамках своей общей концепции художественной литературы занялся понятиями темы и мотива.

> Понятие темы есть понятие *суммирующее*, объединяющее словесный материал произведения. Тема может быть у всего произведения, и в то же время каждая часть произведения обладает своей темой. Такое выделение из произведения частей, объединяющих каждую часть особо тематическим единством, называется разложением произведения. <...> Путем такого разложения произведения на тематические части мы, наконец, доходим до частей *неразлагаемых,* до самых мелких дроблений тематического материала. <...>. Тема неразложимой части произведения называется *мотивом* [Томашевский 1996: 182] (курсив в оригинале. — *У. Ш.*).

Кроме того, Томашевский сочетает мотивы с типично формалистским представлением о *фабуле* и *сюжете*:

> Для фабулы неважно, в какой части произведения читатель узнает о событии, и дается ли оно ему в непосредственном сообщении от автора, или в рассказе персонажа, или системой боковых намеков. В сюжете же играет роль именно *ввод мотивов* в поле внимания читателя. Фабулой может служить и действительное происшествие, не выдуманное автором [Там же: 183] (курсив в оригинале. — *У. Ш.*).

Типология мотивов Томашевского основана на их функциях в сюжете: выделяются связанные (относящиеся к фабуле) и свободные (относящиеся к сюжету) мотивы, а также динамические и статические — в зависимости от их функции в структуре сюжета. Мотивы также можно классифицировать по их функции в произведении, то есть риторически, выделив, например, особый класс «вводящих» мотивов [Там же: 184]. Свободные мотивы, как правило, статичны, однако среди связанных мотивов также присутствуют статичные. Например, пресловутое ружье на стене, которое вводится в драму только для того, чтобы быть использованным в самом конце[24]. Иначе говоря, в романе, в котором отсутствует причинно-временная последовательность действий, мотивы остаются статичными по определению, но могут быть связаны между собой. Этот случай описан Томашевским:

> В расположении этих тематических элементов наблюдаются два важнейших типа: 1) причинно-временная связь между вводимым тематическим материалом; 2) одновременность излагаемого или иная сменность тем без внутренней причинной связанности излагаемого. В первом случае мы имеем произведения фабульные (повести, романы, эпические поэмы), во втором — произведения бесфабульные, «описательные» («дескриптивная и дидактическая поэзия», лирика, «путешествия»: «Письма русского путешественника» Карамзина, «Фрегат "Паллада"» Гончарова и т. п.) [Там же: 179].

В действительности же разделение Томашевского между темами и мотивами применить непросто, поскольку темы, занимающие разный объем текста (от абзаца до произведения в целом) и варьирующиеся в зависимости от сложности, не могут быть однозначно индексированы в виде «тема 1-го, 2-го ... n-го порядка (= главная тема)». Очевидно, что такое же соотношение между темой меньшей сложности и следующей по сложности и объему темой сопоставимо с мотивом предложения и темой того же абзаца, в который это предложение встроено. Наконец, тема более абстрактна, а мотив более конкретен. Неопределенность, присутствующую в этой релятивизации, мы принимаем в интересах нашего описания.

---

[24] По сути, это предвосхищение теории валентности на уровне повествовательного текста, но не в отношении актантов, а, скорее, в отношении объединения мотивов с различными значениями в тематическое целое. Более близкой по времени — как к «Доктору Живаго», так и к работе Томашевского — является логика действия в волшебной сказке, описанная Проппом в 1928 году. Его работа также относится к тенденциям в гуманитарных науках 1920-х годов, отличавшихся точностью и подобием естественным наукам, составляя им конкуренцию.

Для прояснения некоторых моментов обсудим кратко внутреннюю структуру «Доктора Живаго». Можно сказать, что деление романа симметрично: две книги — по 7 частей в каждой, которые делятся в общей сложности на 201 краткий пронумерованный раздел. Во второй книге явственно выделяется заключение, состоящее из частей «Окончание», «Эпилог» и «Стихотворения Юрия Живаго», технически относящиеся ко второй книге. Обе книги романа не имеют названий. Частям предшествуют совершенно разные мотивы, намеченные в заголовках, — в большинстве случаев это явные или неявные указания места, тематическая сторона которых становится очевидной только после прочтения части, но которые тем не менее отсылают к последовательному мотиву путешествия главного героя. Путешествие — один из связующих мотивов (лейтмотивов) романа[25], повторяющийся несколько раз и на разных уровнях «Доктора Живаго», и он используется в нем сериально. Согласно номенклатуре Томашевского, понятие мотива классифицируется как «статичный», но «связанный»:

Часть первая. Пятичасовой скорый
Часть третья. Елка у Свентицких
Часть шестая. Московское становище
Часть седьмая. В дороге
Часть восьмая. Приезд
Часть девятая. Варыкино
Часть десятая. На большой дороге

---

[25] Несмотря на то что центральное значение мотива железной дороги в «Докторе Живаго» давно стало топосом пастернаковедения [Vogt 1997: 154], этот мотив подчинен последовательности «путешествий». Кстати, «мотив железной дороги» можно было бы интертекстуально связать с романом Льва Толстого «Анна Каренина» (1877–1878), но в этом случае пришлось бы упомянуть и другие русские романы-путешествия, имеющие своим родоначальником «Сентиментальное путешествие по Франции в Италию» Лоренса Стерна (1768). В истории мотивов есть что-то безбрежное, как и в интертекстуальности в целом, потенциально ведущей в это безбрежье. Поэтому история мотивов, конечно, небеспочвенна, но каждый конкретный вывод относительно места того или иного мотива в структуре произведения непременно должен быть обоснованным с точки зрения его художественной функции.

Часть одиннадцатая. Лесное воинство
Часть тринадцатая. Против дома с фигурами
Часть четырнадцатая. Опять в Варыкине

Остальные четыре части тематизируются по-разному:

— относящийся к Живаго образ Лары:
Часть вторая. Девушка из другого круга
— временные отношения:
Часть четвертая. Назревшие неизбежности
Часть пятая. Прощанье со старым
— метафора природы, в действительности обозначающая
кондитерское изделие:
Часть двенадцатая. Рябина в сахаре[26]

Природа также предстает в романе как повторяющийся мотив.
Его можно отнести к категории свободных мотивов, вносящих
свой вклад в единство изображаемого мира; мотив природы
вводится в повествование особым образом, описанным выше на
нескольких примерах в связи с функцией остранения[27]. Как художественное средство изображение природы получило почти
единодушное одобрение первых читателей романа — даже тех,
кто по разным причинам отнесся к книге негативно (редакция
«Нового мира» с отрицательным отзывом в письме Пастернаку
в 1956 году (см. ниже) или Анна Ахматова, насмешливо заметив-
шая, что значительные части романа, очевидно, были написаны
любовницей Пастернака Ольгой Ивинской, которую часто называют прототипом Лары[28]).

---

[26] В конце части 14 эта метафора реализуется иначе: «В нескольких шагах от
крыльца, вкось поперек дорожки, упав и уткнувшись головой в сугроб, лежал
застрелившийся Павел Павлович. Снег под его левым виском сбился красным
комком, вымокши в луже натекшей крови. Мелкие, в сторону брызнувшие
капли крови скатались со снегом в красные шарики, похожие на ягоды
мерзлой рябины» [IV: 462].

[27] Хенрик Бирнбаум рассматривает этот аспект применительно к изображению
природы или ландшафта [Birnbaum 1980: 34–40].

[28] См. «Записки...» Л. К. Чуковской: «Многие исследователи "Доктора Живаго"
полагают также (как и она сама), что прототипом для героини романа, роковой и прекрасной Лары, послужила Ивинская» [Чуковская 1997: 657]; «Про-

Антропоморфное изображение природы — это, пожалуй, и есть то, что структурно наиболее четко объединяет повествовательную прозу (в том числе прозу «Доктора Живаго») Пастернака и его лирику[29]. Бо́льшая часть из двухсот с лишним разделов романа начинается новым мотивом, что лишь усиливает впечатление непрозрачности изложения. Случаи, когда тема, затронутая в одном разделе, имеет прямое продолжение в другом, довольно редки, однако встречаются. В качестве примера здесь можно привести часть 7, конец раздела 6 — начало раздела 7:

...кроме Юрия Андреевича, которого по его просьбе отпустили налегке, без вещей, на *вокзал* пешком.
На *вокзале* Антонина Андреевна с отцом уже занимали место в несметной очереди... [IV: 213] (курсив мой. — *У. Ш.*).

Только место — вокзал (а не главный герой, Юрий Живаго) — соединяет две части. Причем соединяет плотно, в виде анадиплосиса — «на вокзал/на вокзале». И все же между частями чувствуется некий разрыв.

В свете повествования и изображения персонажей вряд ли может удивить отмеченная выше относительная «замкнутость» разделов по отношению друг к другу. В мотивах проявляется особенность структуры «Доктора Живаго», которая метафорически названа мной «хаотичностью». Четкая тематическая обособенность двухсот с лишним разделов создает особый художественный эффект, в основе которого лежит постоянный

читала до конца роман Бориса Леонидовича. Встречаются страницы совершенно непрофессиональные. Полагаю, их писала Ольга. Не смейтесь. Я говорю серьезно. У меня, как вы знаете, Лидия Корнеевна, никогда не было никаких редакторских поползновений, но тут мне хотелось схватить карандаш и перечеркивать страницу за страницей крест-накрест. И в этом же романе есть пейзажи... я ответственно утверждаю, равных им в русской литературе нет. Ни у Тургенева, ни у Толстого, ни у кого» [Там же: 271]; «Люди неживые, выдуманные. Одна природа живая» [Там же: 273]. — *Прим. перев.*

29 См. раздел «Лирическое "Я" и изображаемый мир» в главе 6 настоящей книги, где можно найти пояснения по предикативным метафорам, примеры и подтверждения.

«поворот головы». Один из рецензентов говорил даже об «импрессионистическом стиле» [Bienek 1959: 72].

Еще один сериальный мотив — смерть или гибель. Смертью матери Живаго, точнее ее похоронами, начинается повествование, которое заканчивается смертью самого героя. Между ними — множество других смертей: в самом начале — самоубийство на железной дороге (очевидно, отца Живаго), далее — смерть будущей тещи Живаго, затем — жертв Первой мировой и Гражданской войны в Сибири 1920-х годов. Позже — отдельные герои: застрелившийся «исполнитель» Стрельников, Лара, которая «умерла или пропала неизвестно где» [IV: 499], как сообщается в последнем разделе части «Окончание». Если рассматривать тему смерти как сериальную, то все последовательно приведенные случаи — лишь варианты этого мотива[30]. Конкретный мотив *смерти/гибели* может быть понят как отсылка к *абстрактному*, которое тематически связывает весь прозаический раздел и понятийно может быть выражен понятием «жизнь»[31]. Таким образом, именно оно является темой прозаической части. Тему стихотворений (если общая тема вообще существует) нам еще предстоит рассмотреть. Тематизирование *жизни* в романе неоднократно описано в научно-исследовательской литературе. Подробнее мы обратимся к ней в рамках контекста. Следует отметить, что для описания достоверности отсылка к *жизни* присутствует не только в сериальном мотиве *смерти*, но и в случайностях/совпадениях, управляющих изображаемым миром, а также в метафорически названной «хаотичности» и т. д. В 1959 году

---

[30] Борис Гаспаров «подтекстуально» развивает цепочку мотивов, которые он перечисляет, основываясь на «ассоциативном материале» семи эпизодов — между смертью матери Живаго и смертью самого Живаго. Ассоциации Гаспарова, несомненно, представляют интерпретационный интерес, но с научной точки зрения они проблематичны, так как Гаспаров работает преимущественно с метафорами, что хорошо видно на примере ведущего термина «контрапункт», берущего свое начало в музыке [Гаспаров 1993: 253–258].

[31] Я не хотел бы сейчас поднимать вопрос о том, являются ли понятия «смерть» и «жизнь» семантически взаимодополняемыми в русском и немецком языках. На мой взгляд, достаточно интуитивно ощутимой связи жизни и мира, которая в конечном счете обладает эстетическим воздействием.

Пастернак прокомментировал важность темы жизни для своего романа в письме к английскому писателю С. Спендеру, редактору лондонского журнала о культуре «Encounter»:

В свои ранние годы я был поражен наблюдением, что существование само по себе необыкновеннее и необъяснимее, чем какие-либо удивительные случаи и факты. Меня привлекала необычность обычного. Сочиняя музыку, прозу или стихи, я следовал каким-то представлениям и мотивам, развивал излюбленные сюжеты и темы. Но высшим удовольствием было добиться чувства реальности, уловить ее вкус, передать саму атмосферу бытия, ту окружающую среду или охватывающую форму, куда погружены и где плавают отдельные описанные предметы (письмо от 22 августа [X: 523]).

Сын Бориса Пастернака Евгений, биограф отца, резюмирует это высказывание следующим образом:

Если проза XIX века, Флобер, Толстой, Мопассан, выделяла глубину заднего плана, подчеркивая причинность происходящего и рисуя четкие ясные характеры, то для Пастернака всегда казалось важным поколебать идею железной причинности и передать жизнь, как свободный выбор, как одну возможность из множества других, не как судьбу, а как произвол. Отсюда те «недостатки», которые отмечают у него критики: отказ от определенности, стирание очертаний, произвольность совпадений [Пастернак 1997: 720][32].

На уровне рассудка остаются сомнения: озарения, связанные с «совпадениями» или «хаотичностью», — являются ли они эстетическими шифрами для *жизни*? То же касается и интерпретации названия «Доктор Живаго», которое в общепринятой форме — *Doktor Shiwago*[33] — можно принять за ошибку перевода.

---

[32] См. также [Freeborn 1985].

[33] Согласно транслитерации русских имен и названий по стандарту ISO, графическим эквивалентом фамилии Живаго было бы написание *Živago*. Однако в научно-исследовательской литературе присутствуют различные ва-

В русском языке «доктор» синоним врача. «Живаго» — говорящая фамилия церковнославянского происхождения, а именно — родительный падеж единственного числа прилагательного мужского или среднего рода «живыи, жив(а)аго [живой, живого]». Название можно было бы перевести как «Врач живого»[34]. Тем самым мы достигаем уровня интерпретации, позволяющего связать две темы, которые повторяются снова и снова. Первая касается христианства. Эта тема разнообразными мотивами вплетена в повествование. Образно ее олицетворяет дядя Живаго — Веденяпин, которому атрибутивно приписываются полномочия бывшего священника. В связи с этим хотелось бы напомнить о сцене, в которой Живаго лечит наложением рук. Эта сцена соотносится и с названием романа, метафорически отсылающим к Иисусу Христу. И, наконец, тема христианства открывает путь к стихотворениям, тематику и образный ряд которых задают такие названия, как «Магдалина» (два стихотворения!) или «Гефсиманский сад». Это стихи 23–25 поэтической части. С ри-

---

рианты транскрипций, и обычно они более или менее близки к произношению. Например, в немецком языке можно встретить *Shiwago* или *Schiwago*, в английском — *Zhivago*, во французском — *Jivago*. В основном тексте настоящей работы используется немецкий вариант *Doktor Shiwago*.

34 См. [Livingstone 1967: 32]. Автор рассматривает аллегорию *in nuce* (в сжатом виде, лат. — *Примеч. перев.*) уже в начальной сцене, поскольку, когда присутствующие спрашивают, кого хоронят, ответом является «Живаго», то есть «живой/живого». Можно проследить этимологию имени, а также аллюзию на Иисуса Христа. [Гаспаров 1993] ссылается на отрывок из русского перевода Библии (Мф. 16:16): «Ты Христос, сын Бога Живаго». Но есть и другие русские фамилии, образованные согласно этой схеме и оканчивающиеся на «-аго». Можно предположить, что эта фамилия — не обязательно плод литературной фантазии автора. Говорят, что Пастернак был знаком с семьей по фамилии Живаго. Ср. [Bodin 1976: 139]. В одном из ранних номеров журнала «Der Spiegel» есть информация, что это имя по-русски имеет значение, близкое к «жизненный», «полнокровный». И далее — в типичном непринужденном стиле *Spiegel* — «Доктор Фольблют» (Dr. Vollblut — Доктор Полнокровный. — *Прим. перев.*). См. «Der Spiegel», № 49 от 4.12.1957, с. 61, — доказательство того, что говорящая фамилия была воспринята как таковая, вне зависимости от того, соответствует ли это действительности или нет. См. также [Wilson 1966].

торической точки зрения они занимают важное место, поскольку завершают часть 17, а значит, и роман в целом.

Вторая центральная тема романа — искусство. По сути, весь «Доктор Живаго» — это размышления самого Живаго об *искусстве и литературе*[35]. Он сам занят литературным творчеством и оставляет миру 25 стихотворений, причем как миру изображаемому, так и миру за пределами романа. Тема искусства метапоэтична: она имеет решающее значение для сюжета романа в целом, поскольку речь в нем идет, очевидно, о соотношениях, противопоставлении, зеркальном отражении, то есть взаимосвязях между *жизнью и искусством*. К этому мы вернемся в последней главе книги. И никак нельзя обойти важный мотив — *горящей свечи* — лейтмотив, который тематизируется в конце книги, стихотворении «Зимняя ночь» (15). Этот лейтмотив задан в частях 3 и 9 и мотивирован тем, что Лара любит разговаривать при свечах. Так описывается, как Живаго проезжал мимо дома, где была Лара:

> Юра обратил внимание на черную протаявшую скважину в ледяном наросте одного из окон. Сквозь эту скважину просвечивал огонь свечи, проникавший на улицу почти с сознательностью взгляда, точно пламя подсматривало за едущими и кого-то поджидало.
>
> «Свеча горела на столе. Свеча горела…» — шептал Юра про себя начало чего-то смутного неоформившегося, в надежде, что продолжение придет само собой, без принуждения. Оно не приходило [IV: 82].

Примечательно здесь уже знакомое нам сокрытие от лица рассказчика. Мотив реализуется не только сериально, но и путем выстраивания метонимии: Лара с горящей свечой и Юрий Живаго ищут и находят путь друг к другу. Мотив *горящей свечи* назван в конце как определяющий их отношения, точнее — «предназначение»:

---

[35] См., например, обсуждение Пушкина в части 9 (раздел 6).

И она стала напрягать память, чтобы восстановить тот рождественский разговор с Пашенькой, но ничего не могла припомнить, кроме свечки, горевшей на подоконнике, и протаявшего около нее кружка в ледяной коре стекла. Могла ли она думать, что лежавший тут на столе умерший видел этот глазок проездом с улицы и обратил на свечу внимание? Что с этого, увиденного снаружи пламени, — «Свеча горела на столе, свеча горела» — пошло в его жизни его предназначение? [IV: 496][36].

Значимость этот мотива усиливает то обстоятельство, что это стихотворение сохраняется, вопреки перипетиям судьбы Юрия и согласно с его собственным выбором:

Разгонистым почерком, заботясь, чтобы внешность написанного передавала живое движение руки и не теряла лица, обездушиваясь и немея, он вспомнил и записал в постепенно улучшающихся, уклоняющихся от прежнего вида редакциях наиболее определившееся и памятное, «Рождественскую звезду», «Зимнюю ночь» и довольно много других стихотворений близкого рода, впоследствии забытых, затерявшихся и потом никем не найденных [IV: 434].

Здесь также снова встречается утверждение «некорректного» рассказчика, что особенно привлекает внимание к якобы пропавшим стихам. Упомянуты стихи «Рождественская звезда»

---

[36] Важным показателем является смена тональности между частями цитат. Внезапно рассказчик становится комментатором патетической и торжественной речи. Аналогично, но менее патетично двумя разделами ранее рассказчик повествует, что мадам Флери, сама того не ведая, становится свидетелем смерти Живаго от сердечного приступа возле трамвая [IV: 488]. Эта резкая смена тона повествования в рамках одного-двух разделов напоминает манеру Федора Сологуба, который часто в конце своих повествовательных произведений патетически комментирует события, в частности в известном романе «Мелкий бес» (1905). В 25-й главе утверждается, что главный герой, безумный учитель Передонов, в своем безумии «не мог найти для себя истины, и запутался, и погибал» [Сологуб 2004: 200]. Выражение «предназначение» — типично символистская интерпретация дарвиновского естественного отбора как элемента эволюции, находящегося в рамках порядка, недоступного человеческому сознанию.

и «Зимняя ночь» с тем самым рефреном «Свеча горела на столе, свеча горела».

> Мело, мело по всей земле
> Во все пределы.
> Свеча горела на столе,
> Свеча горела [IV: 533].

Тематически это стихотворение перспективировано лейтмотивом. Оно включает в себя ситуацию вместе с его аукториальным указанием о «предназначении» и в этом отношении является валентным с художественной точки зрения. Это действительно лишь при условии, что читатель внимателен, обладает хорошей памятью или перечитывает текст, чтобы в не раз отмеченной мной хаотичности уловить нить повествования. Стихотворение естественным образом развивает собственную тему, но это не противоречит упомянутой перспективе, а лишь добавляет иное ви́дение: о разделении изображенного мира на внешний и внутренний, громкий и тихий, белый и красный, на смерть и жизнь и т. д.[37] Любовные отношения между Ларой и Живаго экзистенциализируются иным путем, нежели обусловленным метафизическим «отбором» (если можно так выразиться с учетом упомянутой концепции символизма). В конечном счете противопоставление «выживания Живаго» и исторического фона становится ярко выраженным. Однако в стихотворении не упоминается ни одного имени, а герои метонимичны, как тени на потолке. Аллюзия на Лару и Живаго, по сути, вытекает из лейтмотива. И, наконец, само стихотворение, в отличие от прозаической части, явно окрашено эротической образностью[38].

---

[37] Об особенностях структуры стихотворения «Зимняя ночь» см. [Fischer 1998: 164–166].

[38] Также в ней присутствует и религиозный подтекст.

4. «Доктор Живаго» и суд времени

Если говорить о «суде времени», то здесь меня интересует в основном информационная ситуация конца 1950-х — начала 1960-х годов, то есть период между публикацией романа, присуждением Нобелевской премии и смертью Пастернака. Речь пойдет о явлении злободневного и неожиданного. Будет сделан краткий обзор приема романа в Советском Союзе в 1988 году. В целом, эта часть не более чем реферативное обсуждение того, с каким недоумением отнеслась читательская аудитория к странному роману поэта Пастернака. Несомненно, мы говорим о подготовленной *профессиональной* читательской аудитории — критиках или коллегах-писателях, а не о т. н. «наивном читателе». Когда реальным адресатом оказывается «наивный читатель», то он обычно молчит. К тому же его мнение о романе малодоступно для социально-литературного исследования, тем более в ретроспективе.

Политический фактор

Фридрих Хюбнер в своем объемном труде — аннотированной библиографии переводов русской литературы на немецкий язык — обстоятельно пишет о реакции на выход романа в ФРГ[1]:

> Права на издание на немецком языке приобретает издательство С. Фишер, и издание становится одним из самых успешных бестселлеров 1950–1960-х годов, причем спрос на роман стимулируется всемирным успехом его экранизации.

---

[1] Также в Австрии и немецкоязычной Швейцарии.

Текст переведен Рейнгольдом фон Вальтером в 1958 году в условиях жесткого цейтнота. Еще до выхода книги в октябре 1958 года под руководством Эрнста Шнабеля был подготовлен радиоспектакль из трех частей по роману «Доктор Живаго», он транслировался большинством западногерманских радиостанций. Огромный успех романа, присуждение Пастернаку Нобелевской премии, известие о давлении, оказываемом на автора в Советском Союзе, его отказ от Нобелевской премии — все это приводит к росту спроса на роман. До конца года в книжные магазины было поставлено 300 000 экземпляров, при этом в некоторых книжных магазинах составлялись списки предварительного заказа на покупку книг [Hübner 2012].

Подобная ситуация наблюдалась и в других странах Запада, а автор *volens nolens* стал богатым советским гражданином [Толстой 2009]. В пропаганде это было использовано как популистский аргумент, направленный против Пастернака[2]. Но одно несомненно: роман Пастернака оказался помещенным в сугубо политический контекст — как на Востоке, так и на Западе — на линии невидимого фронта холодной войны. Это в значительной степени определило отношение к нему, в том числе в 1988 году, когда в Советском Союзе он, наконец, вышел в свет и официально достиг той аудитории, для которой предназначался.

Пастернак был кем угодно, только не политизированным автором, как, например, Владимир Маяковский или более поздние литераторы советской эпохи. Я имею в виду, в частности, Михаила Шолохова или даже Александра Солженицына — тех писателей, которым традиционно в России отводилась роль проповедника ценностей, даже если эти ценности решительно противоречили

---

[2] См. эпизод, рассказанный Лидией Чуковской. Во время поездки на такси из Переделкино в Москву 29 октября 1958 года таксист сказал ей: «— Читали, гражданочка? Один писатель, Па́стер, кажется, фамилие, продался зарубежным врагам и написал такую книгу, что ненавидит советский народ. Миллион долларов получил. Ест наш хлеб, а нам же гадит. Вот, в газете пишут. — И протянул мне "Правду"» [Чуковская 1997: 321]. Речь идет, скорее всего, о словах, приписываемых Хрущеву. Соответствующие сообщения передавались по московскому радио; см. [Conquest 1961: 8, 9, 182–191].

господствующей идеологии. Пастернак, как показал скандал вокруг романа, вел себя в определенном смысле наивно[3]. Его позиция в отношении собственного произведения, подробно изложенная выше (см. главу 2), свидетельствует о том, что в роли главного героя своего романа он видел себя и хотел написать о собственной жизни («из-за чего у меня "сыр-бор" в жизни заго-релся...»). С этим согласуется эпистолярная метафора «проза-письмо», которую он несколько раз использует при написании романа. Можно сказать, что роман в некотором смысле продол-жает (хотя и совершенно иными средствами) автобиографическое произведение 1929 года — «Охранную грамоту». Во всяком случае, при всем этом между текстом, описанным мною в преды-дущей главе, и общественным интересом к нему (соответственно, воздействием, оказываемым им) возникает непредставимая на-пряженность. Политическая обстановка, сопровождавшая появ-ление романа, однозначно определила современное суждение о нем: достаточно сказать, что «Доктор Живаго» до сих пор воспринимается неотрывно от эпохи: речь в нем якобы идет о противостоянии индивида обществу, судьбы отдельного чело-века — неумолимому ходу истории, противостоянии писателя или художника власть имущим, противостоянии поэта Пастер-нака советской системе. Публицист В. С. Франк писал в газете «Schweizer Rundschau» («Швейцарское обозрение»):

> Даже не считая этих запутанных событий [вокруг Пастер-нака], роман сам по себе неоднозначен, принадлежит двум мирам и двум литературным жанрам и не может рассматри-ваться только как художественный.
> Нельзя судить [о романе] только по художественным досто-инствам. Ибо роман — *это политическое явление*, как и все, что пишется в России, будь то пропартийная низкопробная литература или настоящее произведение искусства [Frank 1958–1959: 544] (курсив в оригинале. — *У. Ш.*).

---

3 В своей публикации Иван Толстой подробно рассматривает предпосылки запутанной издательской истории и роль Пастернака в ней [Толстой 2009]. См. также рассказ об этих событиях в [Finn, Couvée 2016], более эссеистич-ный по стилю и освещающий ситуацию в основном со стороны западного читателя.

С одной стороны, роман представляет собой «великолепную лирическую антологию, скрепленную центральной темой», с другой стороны, он привязан к эпохе, от которой «мы, его современники», не должны отделять роман: «Ибо эта эпоха — великий антагонист "Доктора Живаго", а книга — описание космического поединка между бессмертным духом благословенного Богом человека и механической безличной силой революции» [Ibid.: 546].

Глеб Струве, профессор славистики в Беркли, в статье начала марта 1958 года в нью-йоркском журнале российских эмигрантов «Новое русское слово» сравнил Пастернака со Львом Толстым и с «традициями великой русской словесности». Струве завершил свой материал меткой формулировкой о фиксированной контекстуальной связи, определенной выше:

> Могут быть и есть произведения объективно контрреволюционные. Таким произведением, что бы ни говорил сам Пастернак, является его «Доктор Живаго». Верно, что это роман не политический, хотя он и касается «политических» тем. Но в нем заложена большая духовная взрывчатая сила... (цит. по: [Толстой 2009: 493]).

Взгляд Струве на литературу соответствует официальному мнению, господствовавшему в СССР в 1958 году, хотя и с противоположной ценностной установкой. Это подтверждают высказывания, свидетельствующие о противоречивом отношении к роману на родине писателя. С разрывом в три десятилетия в журнале «Новый мир» были опубликованы два разнонаправленных материала — письмо 1958 года редакции Пастернаку и предисловие Дмитрия Лихачева к переизданию романа в номерах 1–4 1988 года. Это предисловие можно назвать актом справедливости, свершившейся спустя тридцать лет.

В сентябре 1956 года редакция «Нового мира» отправила Пастернаку подробное письмо с причинами отказа в публикации романа. В октябре 1958 года, в самом начале кампании, развязанной против Пастернака в советских СМИ, оно появляется в «Литературной газете» и «Новом мире». Скандальным это письмо по своей сути не было (конечно, при условии, что текст оригинального письма был воспроизведен корректно). Во вступительном слове «От редколлегии» редакторы писали, что сочли необходимым объяснить читателю тот факт,

> ...почему роман Пастернака не мог найти места на страницах советского журнала, хотя, естественно, не выражает той меры негодования и презрения, какую вызвала у нас, как и у всех советских писателей, нынешняя постыдная, антипатриотическая позиция Пастернака [Твардовский и др. 1958: II][4].

В самом письме, прямо обращенном к Пастернаку, говорится: «...Вас могут не интересовать эстетические препирательства. <...> речь идет о самом духе романа, о его пафосе, об авторском взгляде на жизнь, действительном или, во всяком случае, складывающемся в представлении читателя» [Агапов и др. 1958: III][5].

Конечно, «дух», «пафос», «авторский взгляд» и прочее также имеют эстетическое значение. Но я не хочу сейчас углубляться в подробности, потому что речь в письме явно больше идет о стандарте политической эстетики и предписаниях соцреализма, о чем и свидетельствуют дальнейшие рассуждения сотрудников редакции. На первый план выступает цензорский тон этих высказываний, который проявляется, в частности, в мнимой заботе о читателях. Роман, по мнению редакции (если использовать прямую, но нейтральную формулировку), *неполиткорректен*. Ожидаемое выражение «антисоветский» не используется, но редакторы акцентируют внимание на пренебрежительном отношении Пастернака к Октябрьской революции: по их мнению, события изображены в романе таким образом, будто «не принес-

---

[4] На момент публикации письма состав редколлегии по сравнению с 1956 годом был иным. Главным редактором в 1958 году снова стал Александр Твардовский, а в 1956 году — Константин Симонов.

[5] О политико-административной подоплеке этого письма см. [Толстой 2009: 90–92].

ли народу ничего, кроме страданий» [Там же: III]. С точки зрения восприятия здесь проявляется субъективное заполнение «места неопределенности» [Ingarden 1972: 261–270]: поскольку исторический фон в романе показан расплывчато и неточно, возможны любые, порой самые неожиданные, толкования. При этом в письме редакции отмечается «отсутствие исторической оценки событий» [Агапов и др. 1958: XV] — здесь редакторы фактически противоречат сами себе.

В письме подчеркивается также «сверхчеловечность» Живаго по сравнению с немым «стадом» обычных людей и связанный с ним мотив Христа: «Его герой, как бы повторяющий крестный путь на Голгофу, последним своим словом к читателю, как Христос, прорицает будущее признание сотворенного им на земле во имя ее очищения от греха» [Там же: XIII], а также возвышение Живаго до уровня автора — Пастернака:

> ...Вы заканчиваете роман сборником стихов своего героя. Вы жертвуете при этом лучшую долю личного своего поэтического таланта избранному Вами персонажу, чтобы возвеличить его в глазах читателя и вместе с тем как можно больше сблизить его с самим собой.
>
> Чаша страданий доктора Живаго на земле испита, и вот его тетрадь — завещание будущему. Что мы в ней находим? Кроме уже опубликованных в печати стихов, здесь особый смысл для понимания философии романа приобретают стихи о крестном пути Христа на земле. Здесь слышится прямая перекличка с духовным томлением героя, изображенным в прозаической части романа. Параллели становятся ясны до предела, ключ к ним дается физически ощутимо из рук автора в руки читателя [Там же: XIII].

Отметим, что, несмотря на негативную оценку романа в целом, редакция «Нового мира» все же не имеет принципиальных возражений против структуры текста как таковой. Авторы письма не игнорируют стихотворный раздел как часть целого. Но в том же редакторском письме как бы между прочим отмечалось, что роман в плане сюжета и композиции бессистемен и отличается «общей сюжетной и композиционной» разбросанностью и «даже раздробленностью»; в романе много откровенно слабых страниц, «лишенных жизни», но «наполненных искусственной дидактикой». С другой стороны, «поразительно точно и поэтично увидена и запечатлена русская природа» [Агапов и др. 1958: XV][6]. После этого весьма литературного рассуждения грубый политический вывод кажется впоследствии добавленным *ad hoc*[7]:

> Вы написали роман сугубо и прежде всего политический — роман-проповедь. Вы построили его как произведение, вполне откровенно и целиком поставленное на службу определенным политическим целям. И это самое главное для Вас, естественно, стало предметом главного внимания и для нас [Там же: XV].

Изначально заявление редакции не предназначалось для публикации. Кроме того, оно относится к 1956 году — ко времени политической неопределенности и послабления после доклада Никиты Хрущева на XX съезде партии «О культе личности и его последствиях». В любом случае в конце 1950-х годов в СССР не было дальнейших заявлений относительно текста произведения. Должно было пройти 30 лет, прежде чем в Советском Союзе раздался голос в защиту «Доктора Живаго». Сам академик Д. С. Лихачев руководил первой публикацией романа в стране (журнал «Новый мир». 1988. № 1–4) и изложил свое мнение об этом произведении. Его рассуждения были сосредоточены на концепции связи Юрия Живаго с позицией автора. Рассуждения Лихачева базируются на проблеме жанра:

> Центральный образ романа — доктор Юрий Андреевич Живаго, воспринимаемый в привычных требованиях, предъявляемых к романам, кажется бледным, невырази-

---

[6] Если вспомнить обязательный пропагандистский акцент на «русских березках», то можно сказать, что и словосочетание «русская природа» не нейтрально. Оценочное суждение имеет коннотацию, и в этом случае с внутрисоветской точки зрения оно явно в пользу Пастернака.

[7] В данном случае (лат.). — *Прим. перев.*

тельным, а его стихотворения, приложенные к произведению, — неоправданным довеском, как бы не по делу и искусственным [Лихачев 1988: 5].

Отталкиваясь от этого недостатка, он развивает логику эгоцентризма, которая представляет в перспективе изображаемый мир, и завершает свое рассуждение мыслью о том, что Живаго — это лирический герой писателя, который и в прозе остается поэтом [Там же: 172].

Лихачев не проводит различия между психофизическим и абстрактным автором или рассказчиком, но рассматривает игру подлинности и вымысла, рассчитанную на читателя, и эту игру он считает преимущественно принципом лирической поэзии. По его мнению, в Живаго суггестивно так много самого Пастернака, что ему хочется в это верить. В то же время Живаго совершенно другой: через его субъективность объективируется изображаемый мир: «Живаго — это личность, как бы созданная для того, чтобы воспринимать эпоху, нисколько в нее не вмешиваясь» [Там же: 7].

По умолчанию стихи в романе, которым Лихачев не уделяет внимания, занимают предназначенное им место. Они как бы остаются в рамках задуманной с самого начала лирической перспективы, и их наличие может быть обосновано системно. Несмотря на то что высказанные Лихачевым взгляды являются ответом на обвинения, выдвинутые в ходе кампании против Пастернака и его романа тридцатью годами ранее, сами обвинения в тексте не упоминаются.

Вопросы эстетики

Лишь немногие опытные читатели на Западе обладали достаточным интеллектуальным и эмоциональным багажом для восприятия стихотворного раздела, не говоря уже о понимании эстетической интеграции части 17 в роман. Если они, подобно Глебу Струве, ассоциировали роман с традицией так называемого критического реализма XIX века, то должны были знать, что стихам с самого начала нет места в тексте: в лучшем случае они вскользь могут упоминаться в нем, но зачастую — игнорироваться вовсе.

Изначально процитированный выше вопрос Лихачева к роману может быть воспринят как показательная реакция читателя. Ученый сравнивает «Доктора Живаго» с образцом реалистического романа XIX века — эпопеей Льва Толстого «Война и мир»[8]. Реже в статье Лихачева встречаются отсылки к Тургеневу или Достоевскому. При желании можно увидеть, как в различных ассоциативных связях проявляется упоминание о смешении стилей, описанное в предыдущей главе. Так интертекстуально можно было бы связать восхваляемые описания природы Тургеневым[9], а символичную тематизацию христианства — с Достоевским[10]. Толстому досталась бы квазиисторическая перспектива. Но есть и другие мнения:

> Некоторые критики Пастернака сравнивают его с русскими классиками — Пушкиным, Достоевским и Толстым. Однако Пастернак — явление уникальное, абсолютно индивидуальное и, возможно, не имеющее никакого отношения к этим гениальным авторам. Можно, наверное, обсуждать, представляет ли творчество Пастернака шаг вперед, назад или в сторону. Однако во всех случаях следует отметить его неповторимый, индивидуальный стиль [Вербин 1958: 100].

Если принять во внимание описываемые черты «лирического» характера, то суждение выглядит еще более своеобразно:

> «Доктор Живаго» не похож на произведения ни Толстого, ни Достоевского — этих главных учителей последнего поколения. С него может начаться новая линия в русской

---

[8] См., например, [Wilson 1966: 439]. По мнению Уилсона, роман Пастернака более «эпичен», чем даже «Война и мир» Л. Н. Толстого. Об авторитете Эдмонда Уилсона см. [Вишняк 1958: 247].

[9] См., например, [Bienek 1959: 72].

[10] См., например, [Григорьев 1960]. Ганс Флейг, швейцарский публицист, благодаря теме христианства или христианским мотивам увидел связь с романами «Воскресение» (1899) Толстого и «Идиот» (1868–1869) Достоевского [Fleig 1958].

литературе, когда психология героев лишь слегка намечена, а борьба между Светом и тьмой (между Богом и злом) не является основной проблемой. Книга Пастернака не столько изображение самой жизни, сколько сон о ней, что сближает эту книгу со сборником стихов... В России так писать пытались ранние символисты, но это были рассказы, а не романы. Конечно, символизм можно найти и у Толстого, но там он не умышленный... [Берлогин 1958: 98].

Есть и другие отзывы. Так, Рольф-Дитрих Кайль, славист и переводчик русской художественной литературы, в том числе произведений Пастернака, характеризует роман как «символический» или как «сравненье» — со ссылкой на перевод Пастернаком гетевской фразы «Alles Vergängliche ist nur ein Gleichnis» («Все быстротечное — символ, сравненье»), последней строфы «Фауста».

Я также считаю, что основанием для характеристики некоторыми критиками композиции романа как неудачной является его беглое и поверхностное прочтение. Еще более неразумным видится обвинение в том, что законы правдоподобности были полностью проигнорированы Пастернаком. Следует спросить, могут ли вообще законы правдоподобности быть адекватным мерилом при оценке произведения искусства. Я думаю, с этой точки зрения оценка романов Достоевского была бы еще более низкой, чем оценка романа Пастернака, а о произведениях Гомера и Данте пришлось бы вообще умолчать. Однако корни подобного непонимания намного глубже. Как и всякое произведение искусства, «Доктор Живаго» обладает собственным мерилом, и его следует понимать как полностью символический текст [Keil 1959: 80][11]. К примеру, в последней главе немецкий славист Рольф-

---

[11] Следует отметить, что Кайль описывает опыт литературоведа, а не спонтанное эстетическое восприятие обычного читателя. Приведенную в тексте цитату он предваряет следующими словами: «Я сказал: при повторном прочтении, и я хочу это подчеркнуть особо, потому что это произведение невозможно прочесть залпом. Я могу сказать по опыту: ни второе, ни третье прочтение не только не ослабляют силы интриги, но, напротив, дают лучшее понимание деталей композиции и изображения и углубляют восприятие». В свое время Кайль также опубликовал художественный перевод стихов Юрия Живаго [Pasternak 1960]. См. главу 6.

Дитрих Кайль видит не приложение к прозаической части со стихами главного героя, а, скорее, акт, придающий всему произведению заключительный смысл. Согласно заимствованному из схоластики учению о «четверократном смысле» (Аристотель), Кайль определяет «буквальный смысл» — процесс «передачи из поколения в поколение» стиха как такового; «аллегорический смысл» — значение стихотворных текстов, записанных от руки или переданных по памяти; «моральный смысл» — «воплощение и воздействие поэтического слова», а также «анагогический смысл», о котором Данте в «Пире» говорит как о *sovra senso*, то есть сверхсмысле. В нашем случае речь идет об интерпретации символа, основанного на тексте в целом или на стихотворной части по отношению к прозаической, включая неизбежное восприятие иррациональной части поэзии — «фасцинации» в терминологии Фридриха[12]. Стихи — это нечто далекое и вневременно́е, и все же то, что может стать реальным достоянием читателя, поскольку стихи (иначе, нежели прозу) можно учить наизусть, как это делали друзья покойного Живаго [Keil 1959: 82]. Несомненно, Кайлю в своих критических работах удалось передать мысль о том, как к этому уникальному произведению можно подойти с художественной точки зрения. Основная проблема многочисленных критических работ, посвященных «Доктору Живаго», заключается в своеобразной черно-белой схеме, вытекающей из контекстуализации романа в 1950-х годах и позднее. Нередко в разговорах о книге Пастернака присутствуют как некритическая «похвала» [Lipinsky-Gottersdorf 1959: 219], так и некритическое осуждение[13] — и то и другое под маской литературной критики. В целом же речь идет о процессе, который Гюнтер Блекер описал так:

---

[12] В примере, о котором идет речь в «Пире» Данте, анагогическое толкование касается трансценденции и «духовного смысла» (трактат 2, глава 1). См. также [Sauter 1911: 144f].

[13] Разгромная критика романа встречалась и на Западе; скорее всего, она была идеологически обусловленной и не сильно уступала советской пропаганде. Примерами могут служить друг Маяковского переводчик Гуго Гупперт [Huppert 1958] и писатель Юрген Бекельманн [Beckelmann 1958].

Культ Пастернака начался задолго до того, как кто-то прочитал хоть строчку из его произведений. Редкий случай, когда полное безразличие мира к вопросу о качестве литературы было продемонстрировано столь драматично. Автор был одобрен безоглядно, поскольку вписывался в глобальную концепцию воли [Blöcker 1962: 317][14].

Неприятие романа В. Набоковым нашло отражение в ироническом замечании главного героя Гумберта Гумберта о «докторе Швейцере и докторе Живаго» в экранизации «Лолиты» Стэнли Кубрика (1965). Сценарий был написан самим Набоковым. В интервью 1972 года, отвечая на вопрос, почему он отказался рецензировать роман, писатель сказал:

Любой интеллигентный русский человек увидел бы, что книга пробольшевистская и исторически фальшивая, и не только потому, что автор игнорирует либеральную революцию весны 1917 года, а его святой доктор принимает с бредовой радостью большевистский coup d'Etat[15] — и все это в полном соответствии с линией партии. Оставив в стороне политику, считаю, что книга жалкая, топорная, тривиальная, мелодраматическая, с банальными ситуациями, со сладострастными адвокатами, с неправдоподобными барышнями и банальными совпадениями.
— *И тем не менее Вы высокого мнения о Пастернаке как о поэте?*
Да, я горячо приветствовал тот факт, что ему присудили Нобелевскую премию: у него очень сильные стихи. В «Живаго», однако, проза не достигает тех же высот, что его поэзия. То там, то здесь — в описании природы, в метафоре — слышны отголоски его поэтического таланта, но эти случайные фиоритуры не в состоянии спасти роман от провинциальной банальности, столь типичной для советской литературы последних пятидесяти лет. Именно эта связь с советской традицией внушила любовь к книге нашему прогрессивному читателю. Я глубоко сочувствую

---

[14] Впервые опубликовано в «Süddeutsche Zeitung» 8–9 ноября 1958 года.
[15] Государственный переворот (франц.).

тяжкой судьбе Пастернака в полицейском государстве, но ни вульгарный стиль «Живаго», ни философия, ищущая пристанище в болезненно слащавом христианстве, не в силах превратить это сочувствие в энтузиазм собрата по ремеслу [Набоков 2002: 346].

По-настоящему критические голоса, которые все же пытались соблюсти некое равновесие, с трудом находили понимание. Густав Герлинг, польский писатель, эмигрировавший в Италию, писал:

То, что известно о природе поэзии Пастернака, скорее говорит о том, что именно своеобразие его таланта лишает его эпического дыхания. Мы имеем дело с поэтом, для которого не существует промежуточного звена между мельчайшим и бесконечным, между частицей и стихией. Это не лучшая отправная точка для композиции, которая подчиняется законам художественного порядка, внутренней гармонии и самоограничения [Herling 1958a: 472][16].

Тем не менее Герлинг считал роман Пастернака великим как минимум по следующим метафорически сформулированным причинам: «...при всей своей бесформенности, ему все же удается сохранить непостижимую форму чуда морского: обескураживающего, захватывающего дух, ошеломляющего» [Ibid.: 473].

В том же выпуске журнала «Merkur» из-под пера Герлинга появляется еще одно эссе, в котором он обосновывает — или, скорее, считает, что должен обосновать, — свое суждение об отсутствии у Пастернака «эпического дыхания» и т. д. [Herling 1958b].

Нечто подобное произошло и в Советском Союзе. Если в 1958 году советские граждане выступили с резким осуждением романа, которого они никогда не видели и не читали, то в 1988 го-

---

[16] Герлинг находился в сталинских лагерях в 1940–1941 годах и написал об этом свои знаменитые воспоминания — «Zapiski sowieckie» (1951), по-немецки — «Welt ohne Erbarmen» (1953). (В русском переводе «Иной мир. Советские записки». — *Прим. перев.*). При этом он до конца жизни сохранил любовь к русской литературе.

ду возникли протесты со стороны «не-читателей», которые, скорее, не справились с критическим анализом произведения[17]. Это, впрочем, можно объяснить многолетним опытом общения таких читателей с советскими руководящими культурными кадрами и цензурой. В целом, многие такие люди не смогли принять официальную переоценку ценностей перед лицом свобод, обещанных перестройкой. В них все еще было живо чувство идеологической инерции, которое они пытались маскировать аргументацией. Формальным поводом для нового витка дискуссии послужил анализ романа от 17 апреля 1988 года в газете «Правда», предложенный Д. Урновым, признанным знатоком Шекспира, который также занимал пост главного редактора журнала «Вопросы литературы» в 1988–1992 годах. Он, конечно, был известным литературоведом, но не был специалистом в области русской литературы. Названием статьи послужила измененная цитата из романа «Доктор Живаго»: «Безумное превышение своих сил»[18]. Несмотря на то что в романе цитата относится к четырнадцатилетнему подростку и его пониманию мира как тайны, в публицистике эта цитата, вероятно, должна была рассматриваться как негативное суждение о Пастернаке, в котором Урнов достаточно убедителен. Его не столько беспокоит пренебрежение нормами жанра, сколько банальность суждений, вложенных в уста главного героя, и, конечно, отсутствие оригинальности: «"Что за чертовщина?.. Что-то читанное, знакомое", — так однажды думает герой, и та же мысль сопровождает чтение романа» [Урнов 1990: 215]. Д. Урнов подробно останавливается на том, из чего состоит это ощущение «прочитанного и давно известного». В частности, Юрий Живаго повторяет многие расхожие идеи рубежа веков, открывая банальность своих суждений и источников вдохновения. Он много говорит о чувствах, но это всего лишь слова, причем сомнительного стилистического качества:

---

[17] См. [Письма 1990: 106–109; Урнов 1990: 212–214].

[18] Урнов процитировал отрывок из части 1, раздел 8: «...и в безумном превышении своих сил он не шепнул, но всем существом своим, всей своей кровью и плотью пожелал и задумал: "Замри!"» [IV: 20].

А как он, если обратиться к чувствам другого рода, говорит о женщинах и с женщинами? Тут тоже возможно целое исследование, но мы ограничимся лишь немногими примерами. «Ее руки поражали, как может удивлять высокий образ мысли». Или — «лебедино-белая прелесть». А как они с Ларой бросаются в объятья друг к другу? Вы, если еще не читали роман, вероятно, не поверите: «как безумные» [Там же: 222].

Все это будто бы должно противоречить, по мнению Урнова, возвышению главного героя, его сравнению с Христом. Только «самостоятельные и неповторимые стихи» снискали благоволение автора статьи: «...стихи самостоятельные и уникальные, принадлежат, мне кажется, другому человеку — Борису Пастернаку» [Там же: 223].

Вряд ли можно сказать, что критика не учитывает особенности текста. И тут она бесцеремонна в мелочном стиле. Показательно, однако, что строгое деление на стихи и прозу становится общим местом многих рецензий: критики будто бы заранее отказываются даже от попытки понять функции стихотворного цикла в общем пространстве романа, хотя в прозаической части очевидно есть образно-мотивный ряд, связанный со стихотворениями. (В этом смысле заявление редакции «Нового мира» в 1956 году было куда более корректным.) Критика заканчивается идеологически: предполагаемое подражание героя (и автора!) «старым идеям» завершается крахом, как это уже случилось с другими литературными героями: Базаровым в «Отцах и детях» Тургенева, профессором Серебряковым в драме Чехова «Дядя Ваня», а также главным героем романа Горького «Жизнь Клима Самгина». Доктор Живаго встроился в пресловутую линию «лишних людей» в русской литературе[19]. Поэт А. Вознесенский, друг и ученик Пастернака, так писал о романе (публикация от 8 июня 1988 года в газете «Правда»):

---

[19] Если рассматривать вопрос с учетом идеологии, можно сказать, что, несмотря на Октябрьскую революцию, традиционные идеи не потеряли своей актуальности.

«Доктор Живаго» — роман особого типа, роман поэтический. Огромное тело прозы, как разросшийся сиреневый куст, несет на себе махровые гроздья стихотворений, венчающих его. И как целью куста являются кисти, а смыслом яблони — яблоки, так целью романа являются стихи, которые из него в финале произрастают. <...> Проза Пастернака отнюдь не статья «Как делать стихи», нет, это роман, жизнь поэта, роман о том, как живут стихом и как стихи рождаются из жизни. Таких романов еще не было [Вознесенский 1990: 226][20].

Вознесенский не отрицает, что роман труден для чтения и потому стал «антибестселлером». Более того, ожидания советской аудитории имели явно политическую направленность, и в этом смысле роман принес ей лишь разочарование:

Читатель ныне тщетно ищет в книге обещанную «крамолу», барабанные перепонки, ожидающие пушечной канонады, не могут воспринять музыку Брамса. Как если бы по ТВ объявили хоккей или программу «Время», а людей заставили «слушать симфонии» [Вознесенский 1990: 227].

В этом, кстати, сказывается различие между сенсацией, произведенной романом в СССР, и восприятием книги на Западе. Контекстуальная связь в западном понимании касалась типизирующих предположений о судьбе Пастернака в связи с романом (или в зеркале романа). В Советском Союзе, напротив, интерес вызывало изображение в романе исторических событий и их ожидаемое противоречие догматическим предписаниям советской идеологии. Потому роман и не оправдал ожиданий советского/российского читателя. Для логического объяснения различия между принятием романа на Западе и в России можно говорить о «негативном контексте» в последнем случае. С точки зрения воздействия романа оба феномена восприятия вполне

---

[20] Андрей Вознесенский упрекал Урнова лично, что тот повторяет идеологические позиции 1958 года. «Как делать стихи» — аллюзия на одноименное сочинение В. Маяковского (1926).

сопоставимы, поскольку в обоих случаях направление для рецепции задается извне, а не изнутри текста.

«Доктор Живаго» как «роман поэтический» (как его понимал Вознесенский) не имел и не мог иметь никаких шансов на полноценную рецепцию в обществе, где от литературы требуют идеальности или идеологии, а не эстетики. Это означает, что в литературном произведении ищут посланий, образов и перспектив, как это обычно происходит в России, когда литература заменяет, с точки зрения гражданственности, журналистику. Возможно, само понятие — «роман поэтический» — является оксюмороном.

Здесь я хотел бы прояснить, что с учетом фактуры текста в целом определение жанра Вознесенским не может быть принято бесспорно и возведено в эстетическую функцию. Однако Вознесенский предлагает замечательную попытку позитивной конкретизации романа в целом, именно поэтому его можно отнести к небольшой группе рецензентов, приветствующих роман, вместе с теми, кто тридцатью годами ранее писал о нем на Западе (например, Рольф-Дитрих Кайль). В моем исследовании позиция по поводу уместности или неуместности части 17 служит основным критерием для отбора критических замечаний по роману.

Однако, прежде чем перейти к следующей главе, я хотел бы процитировать литературоведа Ганса Майера. Он рассматривал роман Германа Гессе «Игра в бисер» (1943) как один из образцов литературы XX века, поскольку этот роман объединяет прозу и поэзию:

> Здесь [в романе Пастернака], как и в романе «Игра в бисер» Германа Гессе, стихи, казалось бы приведенные в качестве приложения, означают окончательный, предельный смысл происходящего. Поскольку роман Пастернака на первый взгляд хрупкий, незамысловатый, иногда почти беспомощный, на самом же деле предельно точно выстроенный, то и лирическая развязка должна быть переосмысленной, как и внутренняя структура стихотворной группы [Mayer 1962: 217].

5. «Доктор Живаго» и искусство романа XX века

В XIX веке началось триумфальное шествие романа как жанра. Его развитие во второй половине столетия привело к тому, что в эпоху реализма роман стал ведущим, привилегированным жанром в литературном процессе Европы и Америки. По всей вероятности, благодаря удивительной вариативности выразительных средств и приемов роман и по сей день занимает наиболее авторитетное положение в художественной литературе. Он покорил даже театральные подмостки, о чем свидетельствует все возрастающее количество различных адаптаций классических романов.

С одной стороны, этот жанр элитарен, с другой — открывает широкие возможности для самовыражения. Эти особенности и повлияли на то, что Борис Пастернак, будучи поэтом, решил увенчать свое творчество большим романом.

Широта жанра требует определения границ, иначе разговор о *жанре* как об организующей функции художественного целого теряет смысл. Что касается границ романа как жанра, то логичным представляется наличие трех критериев: языковой формы и масштаба (отличающего роман от малых прозаических повествовательных форм) произведения, а также чего-то неоднозначного и с трудом поддающегося определению, что, опираясь на Г. В. Ф. Гегеля[1], можно было бы назвать потенциально безгранич-

---

[1] «Совершенно иначе обстоит дело с романом, этой современной буржуазной эпопеей. Здесь, с одной стороны, вновь выступает во всей полноте богатство и многосторонность интересов, состояний, характеров, жизненных условий, широкий фон целостного мира, а также эпическое изображение событий.

ной «всеобъемлемостью» изображения. Относительно точному определению и описанию поддается лишь языковая форма романа. Это проза, и прозаическую речь нужно рассматривать как стилистически преобладающую в романе. Таким образом, вновь выходит на поверхность проблема стихотворного приложения к «Доктору Живаго». Объем взятого за основу российского издания, составляющего более пятисот страниц, и скрытая «всеобъемлемость» романа при определении границ жанра проблематичными не являются. Также и наррация, вопросы которой обсуждались выше в главе 3, определяющей роли не играет и относится к характеристике языка как системы.

Получается, что для корректного представления романа Пастернака на общем литературоведческом фоне романа XX века необходимо игнорировать само существование или возможную функциональность стихотворного раздела, как и поступает большинство критиков и рецензентов. Этот подход мотивирован количественным преобладанием прозаической части над стихотворной, однако вовсе не учитывать стихотворную часть нельзя. Аргументами в пользу моего предположения о том, что произведение Б. Пастернака можно поместить в различные литературные контексты[2], являются, с одной стороны, явное смешение стилей, упомянутое выше, с другой — отнесение романа критиками к полностью противоположным традициям — от А. С. Пушкина до А. Белого или М. Горького — как примерам паттернов русской

<...> Что же касается изложения, то настоящий роман, как и эпос, требует целостности миросозерцания и взгляда на жизнь, многосторонний материал и содержание которых обнаруживаются в рамках индивидуальной ситуации, составляющей средоточие всего целого» [Гегель 1971: 474–475].

2   Я не использую здесь общепринятые термины, такие как «интертекст» или «интертекстуальность», несмотря на то что речь идет о явлениях, хотя бы частично подпадающих под эти понятия (см. известную пятичленную классификацию разных типов взаимодействий текстов Ж. Женетта [Женетт 1998]). Понятие контекста более общее и призвано в конечном счете охватить все направления смыслообразующих упорядоченных паттернов, появление которых возможно в ходе конкретизации этих (текстовых) схем. Необходимым условием является описываемое соответствие отличительным признакам схем.

литературы. В конечном счете и в письмах самого Пастернака можно найти противоречивые высказывания относительно художественной природы романа, которые скорее вводят читателя или филолога в заблуждение, нежели что-то проясняют. Это позволяет предположить, что в романе присутствует обусловленное жанром сцепление различных признаков, сосуществование сразу нескольких художественных матриц. Принимая это во внимание, далее я буду рассматривать роман Бориса Пастернака в терминах определенных стилистических систем, в частности (1) реалистического романа XIX века (включая его более поздние производные), (2) контекста символических черт в границах использования -измов модернизма, (3) современного понимания категории *времени*, а также (4) функции формального удвоения как показателя метафикциональных стратегий текстуализации.

Метафорически выражаясь, я накладываю разные трафареты на текстовые схемы романа Пастернака. В итоге это позволит приблизительно определить место «Доктора Живаго» в литературном процессе XX века и выявить новаторство автора. Или, говоря простыми словами, описать роман, состоящий равно из прозы и стихов.

С другой стороны, мой подход означает, что ни один слой не может в достаточной степени покрыть текстовую схему романа, поэтому невозможно однозначно отнести «Доктора Живого» ни к одной из выбранных традиций — ни к реализму, ни к символизму, ни к двойному роману и т. д.

Реалистический роман

Первое, на что всегда обращали внимание профессионалы при чтении романа «Доктор Живаго», — это русский классический роман как образец, с которым можно было бы сопоставить роман Пастернака. А с учетом огромного влияния русской литературы такой роман обязателен в качестве претекста. Как уже говорилось выше, в разных критических и литературоведческих работах речь шла о таких авторах, как Толстой, Достоевский и Тур-

генев; этот список можно дополнить Николаем Гоголем и Иваном
Гончаровым.

Остановлюсь лишь на некоторых идеях. Что касается темы
природы, то между «Записками охотника» Тургенева (1852)
и «Доктором Живаго» Пастернака можно поместить, например,
прозу М. Пришвина (1873–1954), «певца русской природы», который не особо известен за пределами России. С ним, как и с Тургеневым, у Пастернака мало точек соприкосновения, за исключением замечательных изображений состояний *природы.* Мотив
природы в «Докторе Живаго» звучит особым образом, о котором
я кратко говорил в главе 3. Внутритекстовая диалогичность Достоевского в изложении философских тем чужда Пастернаку,
поскольку при изображении персонажей в романе «Доктор
Живаго» автор в значительной степени отказывается от их ин-
дивидуализации. Ему остается лишь включение христиански
мотивированных философских тем в концепцию изображаемого
в романе мира.

Однако настоящей отправной точкой для романа «Доктор
Живаго» является «Война и мир» Толстого. Из романа Толстого
Пастернак берет тематизацию значимого периода истории, который, однако, автор «Доктора Живаго» оставляет скрытым. На
первый взгляд связь с концепцией истории Толстого в «Докторе
Живаго» отсутствует; она не только не демонстрируется, но
и исторически некорректна с точки зрения лежащих в основе дат
и событий[3]. Однако по мере развития повествования она становится настолько важной, что, например, Лихачев констатирует
возможность восприятия эпохи благодаря только одному Живаго — без вмешательства последнего в ход истории. То обстоятельство, что исторические деятели и значительные события отнюдь
не определяют ход истории в романе Пастернака, становится
своеобразным посланием от «Войны и мира». Хотя Пастернак не

---

[3]   Например, Февральская и Октябрьская революции 1917 года, перерастающие
      одна в другую, а с точки зрения схемы текста — и вовсе слившиеся. В отли-
      чие от романа Толстого «Война и мир», в романе Пастернака нет исторических
      личностей.

любит нравоучений, характерных для реализма, отношения между личностью и историей он рассматривает с явной опорой на Толстого. Вместе с тем «Доктор Живаго» слишком хаотичен для того, чтобы быть только однонаправленным посланием.

В советское время в русском литературоведении был придуман особый термин для обозначения определенного типа русского романа — роман-эпопея. Это объемные тексты с большим количеством действующих лиц; с их помощью изображается, создается или проблематизируется социально или национально значимый период истории[4]. Для интерпретации подобного романа нередко вводится идеологическая оптика — именно потому, что в таких текстах сильна внелитературная ценностная характеристика. Обыкновенно к этому жанру относят такие романы, как «Война и мир» Л. Н. Толстого, «Братья Карамазовы» Ф. М. Достоевского, а также, возможно, «Мертвые души» Н. В. Гоголя. К этому поджанру «великих романов», осененных особым ореолом, относят также «Жизнь Клима Самгина» М. Горького и «Тихий Дон» М. А. Шолохова. Эти произведения являются связующим звеном между «критическим» реализмом XIX века и социалистическим реализмом, провозглашенным в 1934 году. Однако в научной литературе все еще нет консенсуса по вопросу, какие именно произведения следует относить к данной категории: преобладающей все еще является точка зрения «традиции». С одной стороны, «Краткая литературная энциклопедия» расширяет этот круг до романа Л. Арагона «Коммунисты» (1949–1951), с другой — ею опущен Достоевский, который, как известно, доставлял идеологические проблемы марксистским руководителям культуры. Тем не менее Ф. Достоевский упоминается в «Словаре литературоведческих терминов» 1974 года. К категории «великих романов» можно отнести трилогию «Хождение по мукам» (1920–1941) графа А. Н. Толстого [Jünger 1963: 434–450]. В одной из российских хрестоматийных работ о возникновении этого поджанра упоминаются в том числе и западноевропейские романы. Это «Разгром» (1892) Эмиля Золя, «Жан Кристоф»

---

[4] См. статью «эпопея» в [Энциклопедия 1962–1978, VIII; Словарь 1974: 474–475].

(1904–1912) Ромена Роллана, а также «Сага о Форсайтах» (1906–1921) Джона Голсуорси [Чичерин 1975]. Довольно сложно прийти в отношении романа-эпопеи к итогу, который учитывал бы социальную установку темы (а при необходимости — именно ее конкретизацию как целенаправленной классовой борьбы) и структурные характеристики текста, такие как масштаб, обилие персонажей, но с одним главным действующим лицом (героем), а также изображение исторических событий на основе смены поколений с их потенциалом конфликтов и т. д. Литературовед Вадим Кожинов, объединяя «эпопею» и «роман-эпопею» в статье для «Словаря литературоведческих терминов», суммирует совокупность признаков этого жанра так:

> Для эпопеи характерна широкая, многогранная, даже всесторонняя картина мира, включающая и исторические события, и облик повседневности, и многоголосый человеческий хор, и глубокие раздумья над судьбами мира, и интимные переживания личности [Словарь 1974: 474–475].

На подобном уровне абстракции можно распознать структурную соотнесенность романа Пастернака[5]. Скорее, это не «Война и мир» Толстого. Таким образом, это не реалистический роман XIX века, а его идеологически детерминированное продолжение — роман-эпопея, которой роман «Доктор Живаго» не является, но к которой его можно отнести. Однако отдельные особенности романа соотносятся друг с другом таким образом, что возникает «контрпроект», не подлежащий исключительно идеологической интерпретации (как в рассмотренном выше примере критики Дмитрия Урнова), а выполняющий в том числе художественную функцию. Народные массы не придают решающего направления аморфному и хаотичному — с точки зрения

---

[5]   По мнению Женетта, это случай «метатекстуальности» [Женетт 1998]. Если следовать четвертой категории Женетта — «гипертекстуальности», обсуждение которой занимает центральное место в его книге, — и представить себе определенный «гипотекст», то можно вспомнить роман Горького «Жизнь Клима Самгина».

марксистской телеологической концепции истории. Чичерин, используя клише марксистского литературоведения, пишет:

> Социалистическому реализму особенно нужен этот жанр [роман] именно потому, что он способен сочетать понимание противоречий современного нам мира с проникновением в единство исторических тенденций и общенародных усилий [Чичерин 1975: 366].

Если бы я хотел определить идеологему, частично противостоящую этому взгляду в романе Пастернака, то это было бы христианство, а не воззвание к индивидуализму.

Символизм

Предыдущий раздел моих размышлений проходил под знаком реализма. Однако, как оказалось, эпохальный реализм XIX века, который обычно характеризуют как критический, семантически может быть связан с романом «Доктор Живаго» только в оптике социалистического реализма. Восприятие романа Пастернака, особенно западноевропейской аудиторией, было своеобразным, свидетельствующим скорее о недостаточном доверии к послереволюционной русской литературе или, точнее, предвзятости по отношению к Пастернаку и его главному герою. Нечто подобное справедливо и по отношению к литературе рубежа XIX–XX веков — ко времени начала модернизма в России. Модернизм — собирательный термин для различных художественных стратегий, которые можно описать как всевозможные -измы в дополнение к символизму. Символизм (а именно под этим названием он пришел из Франции), также известный под уничижительным названием «неоромантизм», связывает модернизм с романтизмом. Когда Максим Горький в 1920-е годы назвал Пастернака романтиком, многие охотно согласились с этой характеристикой. В лучшем случае подобная оценка, даже если она имела под собой основания, выявляла неприятие романтизма как направления. Несомненно, что в основе русского романтизма с его галереей производных от героев Байрона[6] лежит символизм как искусство субъективного, индивидуального, искусство ухода в себя, *сокрытия* души в *происходящем* и т. д. Горький и его последователи, похоже, намеренно не замечали этого. Они старались ослабить любые отсылки к модернизму (представителем которого отчасти был и сам Горький[7]) в пользу «извечного» и более «надежного» реализма. Вместо того чтобы рассматривать Пастернака как романтика, в «Докторе Живаго» следует увидеть Пастернака-символиста. Расцвет символизма в русской литературе пришелся на время детства и ранней юности Пастернака; принадлежность его самого, формальная или неформальная, к (пост)символистским группам хорошо известна. Но сейчас речь не об этом: мы говорим скорее о связи текстовых схем его романа с приемами символизма. И эта связь может быть только частичной, точно так же, как и привязка к описанным выше производным реалистического романа XX века. «Доктор Живаго» ни в коей мере нельзя назвать символистским романом, как нельзя назвать его и романом-эпопеей. После сказанного выше вряд ли стоит удивляться тому, что высшей характеристикой, связанной с символизмом, считается субъективность. Она проявляется в романе в нескольких аспектах: с одной стороны, в хаотичном расположении реальностей и точек зрения различных персонажей, с другой — в явном предположении о тождестве психофизического автора и главного героя, а также в зыбкости общей конструкции романа, коле-

---

6 Помимо упомянутых персонажей, см. другие прототипы, такие как пушкинский Евгений Онегин из одноименного романа в стихах (1825–1833) и Григорий Печорин из романа Михаила Лермонтова «Герой нашего времени» (1840).

7 Произведение Горького «Песнь о буревестнике» (1901) в советское время обязательно связывалось с предчувствием революции. Если же рассматривать его в ранней версии (т. е. вне предписанного значения и во время проникновения в русскую среду рубежа веков) как переложение знаменитого стихотворения «Альбатрос» Шарля Бодлера из сборника «Цветы зла» (1857), то мы наблюдаем здесь индивидуализм, воспеваемый в образе буревестника. Еще более значимы заимствования Горького из натурализма, который в советское время также подвергался резкой критике. В качестве примера можно привести его пьесу «На дне» (1902).

баниях между вымышленным и невымышленным, так что зона разделения ответственности между абстрактным и психофизическим автором становится неясной. Можно говорить и об одной из разновидностей метахудожественности, которая в конечном итоге подтверждается рудиментарным описанием процесса зарождения стихов и полным их представлением в конце романа.

В 1897 году было опубликовано прозаическое произведение «Инферно», написанное Августом Стриндбергом от первого лица, в котором герой носит имя Август Стриндберг. Это типичное метахудожественное произведение, поскольку в конце книги герой Август Стриндберг утверждает, что все описанное не является вымыслом и факты можно проверить по дневнику автора — Августа Стриндберга[8]. Более поздние литераторы называют своих главных героев Марсель или [Йозеф] К.[9] Если бы Юрия Живаго назвали Борис П., чаша весов сместилась бы в сторону психофизического автора, а странная и в конечном счете раздражающая неопределенность онтологического статуса текста значительно уменьшилась[10]. Наконец, у субъективности еще один якорь — рубеж веков, или символизм. Как уже неоднократно отмечалось, в письмах Пастернака, касающихся романа «Доктор Живаго», нередко проявляется своеобразный эгоцентризм, «маяковскость»[11]. Пастернак ставит в центр своего романа себя, подобно тому как Маяковский писал трагедию о себе самом, хотя Пастернаку никогда не были присущи экспрессия Маяков-

---

8   «Если кто-то считает, что эта книга — поэзия, пусть сравнит ее с моим дневником, который я веду день за днем с 1895 года и из которого следует, что эта книга — лишь тщательно продуманное и упорядоченное переложение» [Strindberg 1919: 213].

9   См. Марсель Пруст «В поисках утраченного времени» (1908–1922); Франц Кафка «Процесс» (1925) и «Замок» (1926).

10   Эзопов язык, понимаемый как иносказание и служащий защитой от цензуры, в СССР был вполне очевиден. В этом контексте интересно то, что Пастернак экспериментировал с образом рассказчика в некоторых подготовительных прозаических фрагментах. См. [Gaumnitz 1969: 2]. Помимо прочих упомянутых последствий, исключается и стилистическая вариативность типа рассказчика.

11   См. Маяковский «Владимир Маяковский: Трагедия» (1913).

ского и его желание руководить массами с мегафоном в руках[12]. Когда Рейнгольд Фогт говорит о «контрпроекте» Пастернака по отношению к символистской и (впоследствии) футуристической функционализации биографии, он прав в той же мере, в какой это совпадает с онтологической неопределенностью «Доктора Живаго»[13]. Лирическая поэзия, которая во второй половине XIX века не играла значимой роли, поскольку не отвечала стратегиям господствующего реализма, в символизме вышла на первый план. Ввиду связей с символизмом субъективность «Доктора Живаго» может быть понята как проявление лирического принципа. Более того, это в прямом смысле слова «роман поэта», о чем неоднократно говорилось в исследовательской литературе. Но, похоже, подобное определение не несет особой пользы, если не рассматривать его в системном контексте. С другой стороны, существуют символистские романы рубежа веков, не претендующие на ясность изложения, мотивированность происходящего, объективность изображения, отстраненность от реальности и проповедуемую мораль. Иначе говоря, они намеренно нарушают могущественный реалистический шаблон.

Так, в связи с логическими разрывами повествования в романе «Доктор Живаго» представляет интерес роман Кнута Гамсуна «Мистерии» (1892). Бытие главного героя Гамсуна и его действия загадочны или нелогичны. Приведем наиболее яркий пример: у него есть футляр для скрипки, набитый камнями, но люди постоянно слышат, как он играет на скрипке. Остаются неясными и его отношения с двумя женщинами, которых он встречает. Нелогичность или немотивированность, основанные на мистификации, ведут к тому, что читатель начинает искать другие объяснения или иную — скрытую — логику и так пытается придать смысл написанному автором. Тот же принцип использу-

---

[12] См. [Erlich 1959: 325–335]. Уже в начале 1920-х годов Борис Томашевский указывает на распространение функциональных биографий [Томашевский 1996].

[13] По мнению Рейнгольда Фогта, уникальный и биографический опыт Пастернака трансформируется в нечто общее или универсальное благодаря его художественному воображению [Vogt 1997: 72].

ется и в романе Пастернака[14]. Символистские романы выходили и в России. Один из наиболее известных — «Мелкий бес» Федора Сологуба, опубликованный в 1905 году. Выше уже разбирались некоторые художественные особенности, характерные для прозы Сологуба. В романе Пастернака они встраиваются в хаотичную мозаику используемых автором художественных средств и форм речи. Некая подспудная логика имеет значение и в творчестве Сологуба. В советское время его роман воспринимался как резкое сатирическое произведение, критикующее царский режим и порожденную им систему образования. Однако согласно скрытой логике роман представляет собой скорее аллегорию эсхатологического экзистенциального страха, хотя и выраженного сатирически. Ожидаемую в начале XX века (в России — в 1905 году, а во всей Европе — в 1914 году) гибель старого мира, на руинах которого должно возникнуть новое мироустройство, Сологуб представляет как пожар в здании общественного собрания небольшого городка. И этот пожар, с одной стороны, традиционная сатира, с другой — аллегорический код.

Еще одно произведение, относящееся к символизму, — знаменитый роман Андрея Белого «Петербург» (1911–1914, 1922). О нем уже говорилось выше, в частности — о вопросе эмблематики, связанной со сводным «монголо-киргизским» братом Юрия Живаго, Евграфом, — примером использования топоса «Россия в Азии». Этот мотив появляется в творчестве Белого как *метатема* задуманной им трилогии «Восток и Запад», к которой относится и роман «Петербург». Мотив разрушения мира так же, как и в романе Сологуба, играет значимую роль в творчестве Андрея Белого. Он получает дальнейшее развитие в «Докторе

---

[14] Мы не будем здесь обсуждать символистскую эстетику. Что касается концепции символистских текстов, то можно сказать, что логические разрывы являются признаком существования другого мира. Или, выражаясь менее метафизично, они указывают на другую возможность сцепления и другую логику. Это прекрасно демонстрируется на примере рассказов Сологуба. См. [Steltner 2000]. Понятия «явное vs скрытое» я заимствую из теории сновидений Зигмунда Фрейда, которую в определенном смысле можно назвать символистской [Freud 1987: 654].

Живаго»: в мире романа происходит «разрушение», и его последствия проблематизируются как исторически — посредством изображения эпохальных событий, так и с точки зрения мотиваций героев. Но поскольку историческая фактология (Первая мировая война, революции и Гражданская война) в «Докторе Живаго» показана довольно неопределенно, то более сильное воздействие оказывает абстрактный — «исторически-идейный» — мотив разрушения мира, который мы наблюдаем в отдельных фрагментах текста. Столь же значима и лирическая стихия в романе Андрея Белого[15], с которым соотносится «Доктор Живаго»[16].

«Доктор Живаго» и концепция времени Анри Бергсона

Я хотел бы рассмотреть комплекс структурных связей романа «Доктор Живаго» с литературными предпочтениями рубежа веков, сделав экскурс в тему «утраченного времени». Но для начала нужно еще раз вернуться к историческому роману Льва Толстого «Война и мир», часто использовавшемуся в качестве образца для возможной классификации романа Пастернака; мы увидим, что концепция времени в нем совершенно иная, нежели в «Докторе Живаго». Несмотря на скрытые противоречия в отечественной историографии и празднование 50-летия победы над Наполеоном, Толстой в момент создания романа, в 1860-е годы, рассматривает причины и следствия войны в свете исторической перспективы. Эта перспектива полностью отсутствует в романе Пастернака, что, напомним, вменялось ему в вину советскими чиновниками от культуры. В «Докторе Живаго» историческое время заменено концепцией времени, которую я назвал бы *структурной*. Она, очевидно, является частью антиисторическо-

---

[15] См. об этом [Kling 2007].

[16] Постоянное обращение рассказчика в романе «Доктор Живаго» к теме города, Москве или урбанизму также можно рассматривать как зеркальную отсылку к символистскому «Петербургу», тем более что, как уже говорилось, это обращение уводит читателя в сторону. См. также [Holthusen 1968: 59].

го перелома, относящегося к рубежу веков, и может быть обнаружена в таких терминах, как «воспоминание» и «память». Одним из отцов этого философского понятия является Анри Бергсон с его *концепцией времени*, использованной и популяризированной в литературе Марселем Прустом в его знаменитом цикле романов[17]. В скобках можно отметить, что Жиль Делез во введении к работе Бергсона указывает на разницу в *концепции времени* у Бергсона и Пруста. Несмотря на то что оба придерживаются концепции «бытие-в-прошлом», согласно Прусту, это «бытие» может быть «хоть чуточку времени в чистом состоянии» [Делез 2001: 297]. Бергсон же описывает онтологические категории. Я бы возразил Делезу, что то же понимание присутствует и в *романе* Пруста и что это обычная точка разрыва между философией и художественной литературой. В конечном счете доли участия обоих авторов в формировании преобладающих предпочтений эпохи остаются неизвестными. Однако философия обладает преимуществом выносить строгие суждения и разрабатывать терминологию для их обозначения, в то время как художественная литература не подчиняется этим правилам. В лучшем случае она является «прикладной философией», если можно так выразиться. Так, концепция Бергсона допускает более точное описание эпохальных предпочтений *in puncto*[18] «времени». Определяя понятие «время», Бергсон называет две связанные между собой величины: «пространство», количественное понятие, исчисляемое и измеримое, и «длительность (*durée*)» — качество, ощущаемое и разворачиваемое в «пространстве»[19]. Опыт *времени*, или,

---

[17] Во избежание терминологического недопонимания следует подчеркнуть, что соотношение настоящего и прошлого при помощи «воспоминания» или «памяти» не основано на подчеркивающей исторический момент причинно-следственной схеме. Оно имеет своим основанием скорее «а-исторический» аспект, например нравственный момент оценки прошлого, что в конечном итоге может быть связано с концепцией времени Бергсона. История, таким образом, больше не обрабатывается «памятью» *sine ira et studio* (без гнева и пристрастия (лат.). — *Прим. перев.*) и программно.

[18] Что касается, в отношении (лат.). — *Прим. перев.*

[19] См. [Bergson 2012].

другими словами, «жизнь во времени», с одной стороны, представляет собой непрерывное взаимопроникновение разнородных сфер опыта или состояний сознания переживающего субъекта. Иначе говоря, это и есть «длительность». Но, с другой стороны, это восприятие однородного «пространства» — т. н. «прерывного» внешнего мира[20]:

> Когда смелый романист разрывает искусно сотканную ткань традиционного «я» и позволяет нам увидеть под этой мнимой логикой фундаментальный абсурд, где снует бесчисленное множество состояний, бесконечное взаимопроникновение тысяч различных впечатлений, которые в тот момент, когда они были названы, перестают быть таковыми, — мы будто бы должны возносить ему хвалу за то, что он смог показать это лучше, чем мы сами. Однако это не так. Не так именно потому, что романист помещает наше чувство в однородное время и облекает составные нашему чувства в слова — и возвращает нам тень этого чувства. Просто он создал эту тень таким образом, что позволяет нам угадать особую и нелогичную природу объекта, отбрасывающего эту тень. Он призывает нас к размышлению, выявляя часть того противоречия и взаимопроникновения, которое и составляет сущность онтологических элементов [Bergson 2012].

Если рассматривать эту идею в рамках моей темы, то можно сказать следующее: особая трактовка времени не только работает против фиксированной категории лингвистической ориентации в мире (см. о ней в главе 3) и — в узком смысле — против традиционных жанровых характеристик романа. У этой трактовки есть собственное значение, выходящее за пределы просто быть характеристикой в функциональной структуре литературного произведения. Если воспринимать идеи Бергсона буквально, то в этой функциональной структуре такая концепция, скорее

---

[20] Прерывность (цикличность) обусловлена тем, что элементы внешнего мира, в отличие от элементов внутреннего мира, существуют, не влияя друг на друга.

всего, литературно может быть реализована в *потоке сознания*. Бергсон также философски обосновывает ту двойственность, которая характеризует символизм в целом и которая в конечном итоге служит основанием для его номинации, — процесс наделения символов смыслами. Если пойти дальше, то можно сказать, что атрибут хаотичности, характерный для романа Пастернака, может быть функционально закреплен в концепции Бергсона[21]. Бергсону в его размышлениях удается прийти к категории «жизни», выражением которой в конечном итоге для него является «длительность». Поэтому вопрос заключается в том, понимается ли непрерывный принцип изображения хаотичности, совпадений, противоречий, двусмысленностей в романе «Доктор Живаго» как изоморфизм «жизни», как качество внутреннего мира, которое обращено вовне и в силу необходимости помещено в некую неподходящую пространственную систему. Есть и другие указания на подобную возможность конкретизации: например, название романа представляет собой якобы цитату из Библии («Врач живого»), явное указание на *со-присутствие* обстоятельств в символистском (урбанистическом) мире поэзии (см. выше).

Исходя из строго рецепционистской точки зрения, должно быть понятно, что художественная валентность этого принципа изображения не может быть с легкостью интерпретирована в эстетических терминах. Комментарии критиков, приведенные выше, служат тому убедительным доказательством. «Доктор Живаго» не символистский роман[22]. Наконец, с *концепцией времени* Бергсона можно связать еще и функцию памяти. Казалось бы, она не играет никакой роли в символизме рубежа веков.

---

[21] Не имеет значения, находился ли Пастернак sensu stricto «под влиянием» Бергсона и читал ли его вообще.

[22] Вопреки мнению Ирен Масинг-Делич [Masing-Delic 1982: 130], отождествлявшей понятия «символическое» и «символистское». Вместо «символического» применительно к структуре смысла «Доктора Живаго» я бы предпочел говорить о «скрытой логике». Именно она может привести к аллегорическому толкованию, которое в своих отсылках к «вечной жизни», возможно, связано с идеями футуризма.

Напротив, как уже упоминалось, символизм тематизирует эсхатологические мотивы и смотрит в будущее с надеждой и отчаянием. Цикл романов Марселя Пруста «В поисках утраченного времени» знаменует изменение взгляда на концепцию памяти, хотя и сохраняет некоторые черты, такие как «уход в себя». «Воспоминание» и «память» стали ключевыми терминами в современных культурных исследованиях — здесь я их рассматривать не буду, поскольку придерживаюсь подхода, основанного на тексте. Я полагаю, что соответствующий контекст (несмотря на его фундаментальную важность в конкретизации схемы текста) все же вторичен.

Кроме того, Бергсон, похоже, не играет особой роли в культурологических исследованиях. Принципы бергсоновской памяти[23] соотносятся с идеями Эрика Огера следующим образом:

> Темпоральность (как длительность) понимается Бергсоном не столько как быстротечность, сколько как постоянство. Для Бергсона — удивительным образом — прошлое не является главным. Прошлое — это не то, с чем мы безвозвратно расстались, а скорее то, что постоянно следует за нами и сопровождает нас, как тень. Мы не можем оставить его, как сломанную куклу в углу. Длительность, согласно Бергсону, это противоположность непрекращающемуся прохождению [мимо], исчезновению в небытии, старению и угасанию. Это сохранение и удержание. Ничто не исчезает. Я остаюсь таким, каким был [Oger 1991: XVIII].

При понимании структурной трактовки времени именно в романе Пастернака с описанной выше точки зрения сразу вспоминается его знаменитое начало: «...шли и шли и пели "Вечную память"» [IV: 6]. Немецкий перевод неизбежно скрывает тот факт, что в начале романа, наряду с очевидным словом *Gedenken*[24], содержится скрытое ключевое *Gedächtnis*[25], то есть собственно

---

23 Двух видов памяти. См. «Материя и память» А. Бергсона. — *Прим. перев.*

24 Память, поминовение, почтение памяти (нем.). — *Прим. перев.*

25 Память, воспоминание (нем.). — *Прим. перев.*

«память». В русском языке для обоих значений используется одно и то же слово: оно отсылает к понятию «время» (в понимании Бергсона *durée* — длительность), которое в романе находится на особом месте — в самом начале.

Я хотел бы еще раз уточнить значение концепции Бергсона для этого довода. Бергсон создает возможность как бы концептуально «распечатать» общеупотребительное понятие[26], чтобы углубить и обосновать его. Это дает ви́дение концепта в контексте XX века, точнее — рубежа веков. В определенной степени проблема *времени* характерна для XX века в целом, в том числе и для литературы. Конечно, можно попытаться подойти к ней иначе. На мой взгляд, совершенно очевидно, что обращение к Бергсону объясняется не в последнюю очередь литературоведческим интересом к циклу романов Пруста в 1920–1930 годы[27].

И последнее, что можно сказать о бергсоновском прочтении понятия «память», — это то, что часть 17 — стихи Юрия Живаго — соотносится с ключевым словом «память» (*Gedächtnis*) в начале романа и образует смысловое кольцо, поскольку стихи, как я уже говорил, обеспечивают «выживание» главного героя, его «вечную память» в бергсоновском понимании — независимо от опыта их автора:

> Прошлое сохраняется в настоящем не только потому, что оставляет след в памяти, оно выживает в самом себе, как онтологически осмысленное прошлое. Как уже говорилось, «длительность» указывает на иммунитет к износу и разрушению [Oger 1991: XVIIf].

---

[26] В разговорном языке слово «память» означает не что иное, как способность воспроизвести в сознании событие/факт из прошлого.

[27] «Концепция времени у Пастернака бергсонианская. Философия, которая у французского философа кажется вялой и пресной, у Пастернака становится сильной и насыщенной. Пастернак — несомненно поэт жизненной силы» [Terras 1968: 264]. Подобную прямую атрибуцию я считаю проблематичной, поскольку философия жизни в общем контексте всегда связана с определенной эпохой. С учетом другого контекста и его предпочтений я попытался связать трактовку времени в драме А. П. Чехова «Три сестры» с дискуссиями второй половины XIX века [Steltner 2008].

Бергсона в конечном счете волнует непрерывная жизнь души, которой в своей лекции 1912 года[28] он дал откровенно символистское определение. Меня же интересует *литературное* описание проблемы, точнее — место этой проблемы в закрытой конструкции *времени*, а не целевое исследование теоремы Бергсона[29].

Рефлексии, двойной роман, самореференциальность

Структурная трактовка времени, определяющая символизм qua doubleness[30], выходит за пределы символизма как такового (или, конкретнее, за пределы символизма рубежа веков). Мы видим это на примере связанности понятий «поминовение» и «воспоминание». Язык Пастернака с самого начала встраивается в эту трактовку. Однако символистская двойственность представляет собой метафорический процесс в масштабах подобия (ср. «мир за миром»[31] и т. п.), концептуально осмысленный Романом Якобсоном в знаменитой статье «Два аспекта языка и два типа афатических нарушений» [Jakobson 1974; Якобсон

---

[28] «Но если жизнь души <...> выходит за рамки жизни мозга, если мозг делает не более чем малую часть того, что происходит в сознании и превращается в движение, тогда выживание становится настолько вероятным, что бремя доказательства (доказывания) ложится скорее на отрицающего, чем на утверждающего...» [Bergson 1928: 53]. Поскольку в следующем предложении метафизика как решение имплицитной проблематики этого суждения отвергается и дается отсылка к «области опыта», то в качестве возможности интерпретации остается невысказанной символистская идея «мира за миром», который существует, но не может быть (пока) достигнут или может быть достигнут лишь частично, через искусство.

[29] Некоторые высказывания, особенно дяди Живаго — Веденяпина, раскрывают бергсоновскую концепцию времени и в самом тексте романа. Например, Веденяпин вводится в повествование так: «Николай Николаевич жил в Лозанне. В книгах, выпущенных им там по-русски, и в переводах он развивал свою давнишнюю мысль об истории как о второй вселенной, воздвигаемой человечеством в ответ на явление смерти с помощью явлений времени и памяти. Душою этих книг было по-новому понятое христианство, их прямым следствием — новая идея искусства» [IV: 67]. См. также [Gaumnitz 1969: 11–16].

[30] Как двойственность (лат., англ.). — *Прим. перев.*

[31] Мир понимается не только как его отображение, но и как аллегория или символ.

1990]. У Пастернака же, напротив, удвоение смещается в сторону смежности и параллельного существования[32]. В речевой концепции Пастернака преобладает метонимия. Наиболее отчетливо она проявляется в ранних произведениях, будь то стихи или проза, — в антропоморфных взаимопереходах между агенсом и пациенсом или агенсом и средой. Для более подробного пояснения я хотел бы привести пример из повести «Детство Люверс»:

> Стоял теплый, солнечный апрель. «Ноги, ноги оботрите» из конца в конец носил голый, светлый коридор. Шкуры убирались на лето. Комнаты вставали чистые, преображенные и вздыхали облегченно и сладко. Весь день, весь томительно беззаконный, надолго увязавший день, по всем углам и серед комнат, по прислоненным к стенке стеклам и в зеркалах, в рюмках с водой и на синем садовом воздухе, ненасытно и неутолимо, щурясь и охорашиваясь, смеялась и неистовствовала черемуха и мылась, захлебываясь, жимолость. Круглые сутки стоял скучный говор дворов; они объявляли ночь низложенной и твердили, мелко и дробно, день-деньской, с затеканьями, действовавшими, как сонный отвар, что вечера никогда больше не будет и они никому не дадут спать [III: 42].

Остается продемонстрировать этот метонимический обмен и его очевидную художественную валентность. *Коридор* дает указания, *комнаты* облегченно вздыхают, *жимолость, смех, дворы* сообщают, что вечера больше не будет и никому не надо ложиться спать, и прочее — и все же именно дети радуются весне на улице. Аналогичным образом работает и чередование лексических единиц[33] и т. д. В романе подобные приемы исполь-

---

[32] На это же в 1935 году ссылался Роман Якобсон в своих знаменитых «Заметках о прозе поэта Пастернака» (см. главу 3) [Jakobson 1987; Якобсон 1987]. И в этом смысле творчество Пастернака можно назвать почти антисимволистским.

[33] В качестве дополнительного примера приведем две первые строки одного из самых известных стихотворений Пастернака: «Февраль. Достать чернил и *плакать*! / *Писать* о феврале навзрыд», вместо ожидаемого солидарного порядка: «достать чернил и *писать*» и «*рыдать* о феврале». Анализ этого стихотворения см. [Steltner 1993].

зуются иначе, в основном как самоцитирование, непрерывно — как средство описания природы, в целом — в перспективизации изображаемого мира с точки зрения ведущей роли Живаго как пациенса, а не агенса, а также в хаотическом сопоставлении бесчисленных разнородных моментов течения *времени*[34]. В стихотворении раннего периода «Как бронзовой золой жаровень» [I: 63] (выделение автора. — *У. Ш.*) присутствует оборот речи, образно меняющий расположение по вертикали: «Где сад *висит* постройкой свайной // И держит небо пред собой» [I: 63]. Возможно, здесь впервые в творчестве Пастернака проявилась так называемая «зеркальность», о которой сейчас много пишут в исследовательской литературе. Имеется в виду не только метонимический взаимообмен или прямой мотив зеркала и его тематизация в знаменитом стихотворении «Зеркало» [Steltner 2002]. Более того — в творчестве Пастернака речь идет о явных связях, которые понимаются как зеркальные образы[35], таких как, например, связь романа «Доктор Живаго» со сборником стихов «Сестра моя — жизнь» (1922), в котором также есть стихотворение «Зеркало»[36]. В названиях ранних поэтических сборников Пастернака уже присутствует элемент удвоения; он есть и в названиях самих стихотворений: «Близнец в тучах», «Поверх барьеров», «Сестра моя — жизнь», «Второе рождение»[37]. Удвоение в творчестве Пастернака — свойство его проявляющейся различным образом «системы». В романе «Доктор Живаго» она обнаруживает себя в разделении прозы и стихов — тоже своего рода «удвоении» художественного мира.

---

[34] Были предприняты попытки включить схематическое изображение обязательных агенсов в систему удвоения, см. [Rylkova 1998].

[35] Во избежание метафорической «зеркальности» или для уменьшения ее метафорической части я использую термин «удвоение».

[36] См. его анализ в [Sendelbach 1997].

[37] Уже в первом прозаическом произведении Пастернака «Апеллесова черта» (1915) предположительно есть отсылка к границе, разделяющей две области. Терминологически апеллесова черта — переходная область между светом и тенью, также называемая линией полной тени. В основе повести — древняя традиция состязания между двумя античными художниками: Апеллесом и Протогеном (в эпиграфе к повести назван автором Зевксисом).

В 1964 году в Гронингене вышло первое издание книги Ф. К. Матье «Двойной роман» [Maatje 1964] с подзаголовком «Литературно-систематическое исследование дублирующих повествовательных структур». По определению Матье, «Доктор Живаго» не является тем самым двойным романом, которому исследователь посвятил свою книгу. Это следует из того, что «повествовательные структуры» в строгом смысле этого слова в романе отсутствуют: есть две связанные части, которые, однако, строго дифференцированы по манере изложения. Но описанный Матье «двойной роман» в XX веке оказался столь влиятельным, что позволил использовать его нормы в качестве образца. Кроме того, двойная структура романа Пастернака выходит на первый план таким образом, что читатель вынужден — и не только в процессе чтения — основательно изучать ее. Это важный критерий воздействия. Критики, однако, полагают, что самое простое решение — это пренебречь поэтической частью и сократить роман на одно измерение.

Франк Матье рассматривает ряд романов. Среди них произведения XX века «Фальшивомонетчики» (1925) Андре Жида и «Доктор Фаустус» (1947) Томаса Манна. Что касается русской литературы, то в исследовании упоминается роман Льва Толстого «Анна Каренина» [Wedel 1978], сыгравший важную роль в развитии жанра, а также «Мастер и Маргарита» Михаила Булгакова[38]. В этот же ряд можно поставить и символистскую трилогию «Творимая легенда» (1906–1913) Федора Сологуба. Эти романы объединяет общая экспериментальная черта — двойственность, но к ней добавляется нечто очень важное, а именно — возможная внутренняя текстовая функция формального удвоения. Говоря о литературе XX века, Матье подчеркивает присутствие в ней «тенденции двойного романа», то есть *романа о романе* [Maatje 1964: 140], создание метатекста. Тенденция, конечно, относится не только к жанру, но и к литературе и искусству в целом. Метапоэтическая рефлексия становится неотъемлемой частью литературы начиная с модернизма. Таким образом, Матье

---

[38] Роман написан в период 1929–1940 годов, опубликован в 1966–1967 годах.

развивает основную черту новеллистического повествования, характерную для XX века. Эту черту, на мой взгляд, можно было бы поместить в более широкие рамки (указанные ранее) и уже в них рассматривать роман Пастернака и связанный с ним феномен двойственности.

В качестве примера можно взглянуть на роман Томаса Манна «Доктор Фаустус», в котором, с одной стороны, есть черты двойного романа, поскольку в нем присутствуют две *линии повествования* — Серенуса Цейтблома и Адриана Леверкюна. С другой стороны, Томас Манн опубликовал *роман одного романа* «История доктора Фаустуса» (1949), в котором сочетаются вымысел и контекстуальный комментарий. Причем сочетаются они таким образом, что в итоге создается впечатление, что события, точнее — квазисуждения, переданные в «Докторе Фаустусе», основаны на историческом мире автора, несмотря на то что как таковые они в себе этой характеристики не несут. Поскольку это *роман одного романа*, то речь автора, *Томаса Манна*, конечно, является вымышленной. При этом сам автор вымышленным не является. Речь идет о непременном маскараде XX века, в котором даже вымысел оказывается под сомнением и «Доктор Живаго» изящно занимает свое место[39]. В метаромане переплетаются две структурные особенности: формальное удвоение и его функциональная обоснованность, а также теоретически различимый момент колебания между аукториальными позициями внутри и вне текста. Тесно связанный с такой поэтикой термин *metafiction* — письмо о процессе письма — стал

---

[39] У романа «Доктор Живаго» были разные рабочие названия, пока Пастернак не выбрал окончательную формулировку. Предположительно, на его решение повлиял не только «Фауст» Гете (его Пастернак переводил одновременно с работой над романом), но и «Доктор Фаустус» Т. Манна, опубликованный в 1947 году. На русском языке роман вышел в Москве в 1959 году). См. реакцию Пастернака на вопрос Х. Бирнбаума о том, знает ли он «Доктора Фаустуса»: «Пастернак ответил несколько уклончиво, что он знает "Доктора Фаустуса", последний великий роман Манна, рожденный совершенно иным темпераментом <...>, действительно произвел на него большое впечатление. Он, вероятно, сознательно сказал "произвел впечатление", а не "повлиял"» [Birnbaum 1976: 8].

использоваться прежде всего в англосаксонском и английском литературоведении как общий термин для всех видов стратегий *остранения*[40]. Вернер Вольф приписывает метаповествованию эффект нарушения или разрушения иллюзий[41]. Это нарушение иллюзий, в свою очередь, должно рассматриваться как функциональная категория в той мере, в какой мы понимаем метаповествование как форму. С полным основанием можно сказать, что в романе Пастернака нарушение иллюзий происходит различными способами. В конечном счете к разрушению иллюзий приводит хаотическое взаимодействие различных форм речи и стратегий изображения. В силу их почти имплицитного характера они сопротивляются художественной функционализации в рамках целостно воспринимаемого эстетического объекта, на котором основана иллюзия. Стихотворный раздел, однако, не является причиной *разрушения иллюзий*. Доктор Живаго пишет стихи, из которых — вопреки эпизодическому утверждению рассказчика — сохранилось всего 25. Хотя наличие стихов как таковых и их авторство не раз упоминаются по ходу романа, у читателя все же возникают сомнения, не стихи ли это самого Пастернака. Связанная с этим проблема, в свою очередь, проявляется в трудностях конкретизации эстетического объекта, то есть придания художественной или эстетической функции *нарушению иллюзий*, которое теперь следует понимать на более высоком, чем форма, иерархическом уровне.

Но вернемся к *двойному роману*: Матье называет пять его обязательных признаков, таких как «новеллистичность; две основные повествовательные линии с двумя главными героями; коррелятивная, а часто и последовательная связь линий; автономность линий; взаимозависимость линий» [Maatje 1964: 138]. Проблема размещения романа «Доктор Живаго» в этой системе координат связана с понятием «две основные повествовательные линии с двумя главными героями», в то время как

---

[40] В русской традиции используются термины «метапроза» или «метаповествование». — *Прим. ред.*

[41] См. о метаповествовании [Wolf 1993: 220–265], где разработана дифференцированная терминология для различных явлений такого повествования.

«новеллистичность», «последовательная связь», «автономность» и «взаимозависимость линий» в романе присутствуют, хотя и в измененном виде. Мне могут возразить, что имело бы смысл с самого начала привести аргумент в пользу широкого понятия метаповествования, а не искать обходных путей с использованием поджанра «двойного романа». На это я могу ответить, что формальные отклонения от нормы направлены на восприятие, поэтому они также играют определенную роль в диахроническом анализе романа. Эти отклонения так или иначе могут варьироваться в различных внутренних расслоениях и функциональных направлениях. И в этом случае так называемое «видимое» удвоение является значимым признаком.

Для иллюстрации двойственной структуры русского романа служат параллельные действия и места в романе «Анна Каренина», а именно — «Анна — Вронский, или *город*, vs Кити — Левин, или *деревня*» с конкретизируемой функцией понимаемого дидактически контраста «несчастье vs счастье». Автореферентность в романе отсутствует. Противопоставление, таким образом, заключается не столько в проблеме «как писать», а, скорее, — в контексте реализма — «как жить». Однако этот вопрос ставится имплицитно. Хотя роман, даже с точки зрения Веделя, представляет собой лишь переходную форму, я сознательно ставлю «Анну Каренину» в начало динамической структуры формы-функции в русской литературе, не утверждая при этом, что подобные явления не могли существовать ранее. С так называемым «критическим реализмом» XIX века Россия эффектно вошла в мировую литературу. Следовательно, произведения, появившиеся позже, *volens nolens* сравниваются с ней. Поэтому имеет смысл начать с романов периода реализма. Любопытно, что, говоря о романе «Анна Каренина», следует отметить негативное отношение современников к двойной структуре романа. «Реалистически» настроенная аудитория, очевидно, ожидала конкретной и однозначной морали. Толстой чувствовал, что вынужден защитить имплицитность функционализации этой двойной структуры [Wedel 1978: 420–425]. В трилогии Сологуба «Творимая легенда» противопоставлены две дискретные локации, а именно — Россия vs (вымышленное) Королевство соединенных островов в Средиземноморье. В конце они связываются между собой сюжетно. И функция этой связи неоднозначна. Она может быть истолкована, например, в контексте символистской утопической мечты поэта о (мировом) господстве. Так формируется тематический вариант ожидания упомянутого выше апокалипсиса рубежа веков: остров Драгонера разрушен извержением вулкана, традиционная система правления погибает. На руинах «старого мира» происходит коронация поэта и «сверхчеловека»[42] Триродова, рождается «новый мир». Это, очевидно, также знаменует собой начало «нового времени». Исходя из концепции двойной структуры, можно было бы «кусок жизни, грубой и бедной» отнести к событиям в России, а «сладостную легенду» — к Королевству соединенных островов; как сказано в самом начале трилогии, это своеобразное указание читателю[43]. Это указание от первого лица («я»), несомненно, может быть подведено под категорию автореферентности. «Я» более в трилогии не появляется и, следовательно, в процессе конкретизации забывается. Далее к двойственной структуре: роман Булгакова демонстрирует наиболее сложную по сравнению со всеми тремя упомянутыми произведениями структуру. По крайней мере с точки зрения удвоения можно назвать два непременных места действия — это Москва vs Ершалаим. Их логическая связь устанавливается автореферентным мотивом письма. Речь идет о «романе в романе», сюжетным пространством которого является Ершалаим и его фабула. Следует упомянуть еще одну необычную особенность: в трилогии Сологуба главный герой, Триродов, летит в свое новое королевство Балеарских островов на самодельном межпланетном корабле. Мастер же использует магию сатаны для полета в мир

---

[42] Масинг-Делич [Masing-Delic 1982: 130] называет Триродова «универсальным гением» и по этому признаку связывает его с Живаго. Таким образом она еще раз доказывает, что фигура Живаго была привязана к рубежу веков характерной для того времени концепцией сверхчеловека (подробнее об этом см. ниже).

[43] «Беру кусок жизни, грубой и бедной, и творю из него сладостную легенду, ибо я — поэт» [Сологуб 2000–2004, 4: 7].

своего романа[44]. Категории Матье следует еще специально адаптировать к роману Пастернака. Наличие первого критерия — романный характер «Доктора Живаго» — уже было положительно рассмотрено в моем обсуждении прозаической части романа. 25 стихотворений поэтического раздела не являются отдельной сюжетной линией, однако стихи открывают мир, отличный от мира прозы[45]. И этот мир автономен (выполнение критерия 4), несмотря на то что его становление в отдельных случаях основано именно на мире прозы. Поэтому условия «корреляции» и «последовательности» (критерий 3) можно считать выполненными. Активного участника (героя) в этом мире нет, но отдельные стихотворения демонстрируют образ действия, который можно понимать как деятельность в рамках цикла [Bodin 1976]. «Личная зависимость» отсутствует, но ее можно заменить на «авторство Живаго» — согласно интуитивному пониманию стихотворений, в том числе через «лирическое я», которое, в свою очередь, напрямую связано (не с Пастернаком!) с Живаго. Подробнее я расскажу об этом в следующей главе. Пока же достаточно сказать, что двойная структура «Доктора Живаго» может быть вполне вписана в модель Матье, хотя и в измененной форме. Более важными при определенных условиях являются связанная с этим функция автореферентности в узком смысле и метаповествование — колебание между авторами-субъектами, ведь стихи намекают на тождество между Пастернаком и Живаго. Усиливает это то обстоятельство, что Юрий Живаго в большей степени изображен в романе литератором, а не врачом. «Ненадежный» рассказчик несколько раз вводит нас в заблуждение относительно творчества Живаго. И поскольку это введение в заблуждение касается литературы и процесса ее создания, то

---

[44] Параллелизм в использовании мотива полета для связи действий имеет определенное значение. Более того, оба полета также кажутся «путешествием во времени», у Сологуба — в сказочное Средневековье с современными чертами. Полет осуществляется туда и обратно, то есть в парадокс четвертого измерения, которое было описано Г. Уэллсом в «Машине времени» (1895); у Булгакова это времена Понтия Пилата.

[45] Точнее — множество других фрагментов мира, которые необходимо различать в зависимости от стихотворения.

потенциально отвечает критерию автореферентности. Похоже, например, что отсылка к городской среде — в записи Живаго, цитируемой рассказчиком, — относится именно к этому роману, где Живаго и есть главный герой. Таким образом, подобное замечание имеет отношение к повествователю как к творению абстрактного автора и его текстуальных стратегий.

Вторая тема — рождение стихов и работа над ними. Наиболее сложные объяснения касаются генезиса стихотворения (13) «Сказка». Оно находится в самой середине сборника стихов и потому занимает семантически сильное место[46]. Несмотря на подробное описание этого стихотворения, его название в тексте романа не приводится, в отличие от других стихотворений, «впоследствии забытых, затерявшихся и потом никем не найденных» [IV: 434]. Речь идет о стихотворениях (15) «Зимняя ночь» и (18) «Рождественская звезда». Здесь *метафикциональную запутанную игру рассказчика понять трудно*[47], если только читатель не читает или уже не прочел стихи независимо от прозаической части. В идеале читающему так или иначе придется вспомнить при чтении стихов об уже известном ему моменте их зарождения. Однако напрямую эти связи не проявляются. Происходящее в прозаической части не дает возможности проследить непосредственные связи между событием романа и соответствующим стихотворением. Возможно, ситуации могут быть связаны со стихотворениями посредством ключевых слов, мотивов или тем, но не детально (за исключением ситуации с автореферентным стихотворением (13) «Сказка»).

Следует отметить, что метаповествование используется и в одном из наиболее известных романов социалистического реализма, долгие годы входящем в школьную программу. Это произведение Николая Островского «Как закалялась сталь» (1932–1934). Я хотел бы обратиться к нему при обсуждении контекстуализации романа. Относительно романа Островского в исследовательской

---

[46] См. главу 6.

[47] Строго говоря, относительное придаточное или причастная конструкция в русском языке относятся только к количеству похожих стихотворений. Однако формулировка допускает и иную интерпретацию.

литературе дается непременное, но порой обессмысливающее указание на автобиографичность. Автобиографичность в ее «островском» изводе стала популярной идеей и затем по инерции применялась по отношению к романам совершенно иного художественного плана. На деле в «Как закалялась сталь» речь идет об очевидной метаповествовательной игре с иллюзией. В конце своей вымышленной истории жизни главный герой Павел Корчагин (Павка), прикованный к кровати, полуслепой, пишет роман под названием «Рожденные бурей». Рукопись этого романа теряется на почте по пути в издательство. Корчагин, не теряя самообладания, снова принимается за работу. Все эти события не могли не вызвать в памяти обстоятельств жизни самого Николая Островского и истории создания его романа. Когда писатель умер в 1936 году после долгой и тяжелой болезни, парализованный и почти слепой, многим казалось, что хоронят Павку Корчагина. В этой игре с вымыслом и подлинностью идеология, конечно, играла не последнюю роль, управляя восприятием читателя, что и сегодня затрудняет сохранение непредвзятости исторических суждений. В конечном итоге ситуация метаповествования в «Как закалялась сталь», написания романа внутри романа, была использована пропагандистски, послужив подтверждением изображаемого в романе, тем более что Островский на самом деле начал второй роман. Фрагмент этого произведения (часть 1) был опубликован в 1936 году, в год смерти Островского, под названием «Рожденные бурей».

Сверхчеловек, новый человек, положительный герой

Соцреалистический образцовый роман Н. Островского[48] имеет большое значение и в ином ракурсе. Он интересен как первое в истории воплощение схемы изображения персонажа,

---

[48] Особая популярность романа Н. Островского наводит на мысль об интертекстуальных признаках иного рода, нежели те, которые присутствуют в романе «Доктор Живаго». Примечательно, что Корчагину также приходится иметь дело с тремя женщинами, первую из которых, дочь лесничего, зовут Тоня. Так же зовут жену Живаго. Это распространенное в СССР в 1920–1930-х годах имя, но в романе Н. Островского оно приобретает литературный оттенок.

запечатленной в плеоназме «положительный герой», которая
является основной чертой социалистического реализма. Между
тремя терминами: «сверхчеловек», «новый человек» и «положительный герой» — предположительно существует генетическая
связь [Günther 1984: 40]. Если первые два термина следует понимать как символ секуляризованного ожидания спасения, который восходит к христианским корням [Tetzner 2013: 371–376],
то, вероятно, «положительный герой» является художественным
воплощением отличительных черт социалистического реализма.
Как пример связующего звена здесь можно назвать Максима
Горького, который прошел путь от тайного поклонника Ницше
и сторонника идей Макса Нордау (в частности, его труда «Вы-
рождение») до мастера героизации литературных фигур. Ганс
Гюнтер пишет, что в романе Горького «Мать» (1906) все линии
героизации находятся «под доминантой богостроительных идей
и впервые всесторонне применены к социальной тематике». Это,
по его мнению, «позволило героическому мифу выйти из стадии
литературного черновика в жизнь и стать силой, формирующей
реальность» [Günther 1984][49]. Такая власть, на мой взгляд, наиболее ярко проявляется в пропагандистской заявке на иденти-
фикацию, которая выражена, например, в герое Павки Корчагина и его литературных последователях[50]. Так Гюнтеру удается
выйти за рамки литературной схемы героизации и вплотную
подойти к воздействию, связанному с политическим контекстом.
Как уже упоминалось мною в другой связи, литературная поли-
тика «Доктора Живаго» обусловлена характером героя, имплицитной противоположностью этого образа, помещением в центр
романа совершенно пассивного «анти-героя». Гюнтер резюми-

---

[49] Гюнтер в других местах резюмирует отдельные строки таким образом:
«Элементы философии Ницше, фольклор, литературный романтизм и символизм, марксизм, народничество и богостроительство. Доминирующей,
однако, является прометеевская мысль» [Günther 1984].

[50] *Pars pro toto* (часть вместо целого (лат.). — *Прим. перев.*) достаточно обратиться к роману Бориса Полевого «Повесть о настоящем человеке» (1946).
Летчик, потерявший обе ноги во время войны, упорно учится ходить на
протезах и вновь совершает боевой вылет.

рует литературную схему, созданную Горьким, следующим образом:

> Тем самым [романом «Мать»] репертуар героизации Горького в основном обозначен. Отныне он не будет значительно расширен, его элементы будут лишь перегруппированы, а их значение изменено путем включения в новые взаимосвязи. Вероятно, не случайно, что эта фаза развития завершается примерно в 1909 году, если учесть, что кризис символизма в России в целом наступил около 1910-го. Эта констелляция позволяет предположить, что героический миф Горького следует принимать в контексте символистского мифотворчества [Günther 1984: 68].

Выше уже указывалось на мотивно-тематическую связь Горького с -измами модернизма, то есть не только с символизмом. Неудивительно, что ее можно увидеть и в апориях социалистического реализма, а именно — в свя́зи «реальности» с ее трансцендентностью, особенно в принципе «изображения реальности в ее революционном развитии», вне зависимости от того, восходит ли эта формулировка непосредственно к Горькому или нет.

Этот принцип можно связать с «определением действительного искусства по существу» В. С. Соловьева, который проводит характерное для символизма деление на «мир физический» и «мир идеи», что часто объясняется с помощью аллегории из «Государства» Платона:

> Всякое ощутительное изображение какого бы то ни было предмета и явления с точки зрения его окончательного состояния, или в свете будущего мира, есть художественное произведение [Соловьев 1989: 73–89].

В обоих высказываниях изображаемый контекст мира, то есть предметность, действия и прочее, имеет двойную связь. С одной стороны, это простой образ, имеющий свои истоки в вещном мире, а с другой — заметна его потенциальная причастность к совершенно иному контексту, задаваемому как идеал. И хотя материально этот идеал находится в будущем, но всегда присутствует как возможный «мир позади мира». Однако в последующих объяснениях Соловьев указывает, что в литературе возможны лишь отрицательные человеческие типы, потому что «главный предмет поэзии есть нравственная и социальная жизнь человечества, бесконечно далекая от осуществления своего идеала» [Там же: 402][51]. Потенциальная сверхчеловечность Живаго выражается в безупречности его характера, а также в признаваемом окружающими мастерстве в области медицины и литературы. Он, несомненно, прежде всего «положительный человеческий тип», если воспользоваться классификацией Соловьева. Поэтому присущая этому типу схема имеет заметную тенденцию к эстетически негативному воздействию. Однако таким образом Живаго становится в один ряд с другими литературными персонажами, в частности с уже упомянутыми Триродовым из романа Сологуба «Творимая легенда» и Мастером из романа Булгакова, внутренняя ценность которого обозначена в самом слове «Мастер»[52]. Триродов преодолевает конфликт с враждебным ему окружением благодаря своим сверхъестественным техницистским способностям; Мастер достигает своей цели с помощью метафизической поддержки; Корчагин в конечном итоге одерживает победу над природой, причем как внешней — строит железную дорогу в тяжелых условиях, так и внутренней — имеется в виду физический уход (из жизни). Живаго просто претерпевает, выживает, точнее, заимствуя выражение Арнольда Гелена [Gehlen 1966: 342], «поглощается жизнью». Остаются лишь его стихи — хотя бы и по воле случая, который управляет изображением мира в этом романе и является символом жизни. Стихи — свидетельство особых способностей Живаго, следовательно,

---

[51] Примером отрицательного влияния положительного типа является Шиллер, «который питал слабость к добродетельным типам обоих полов».

[52] Первым в этом ряду литературных «сверхчеловеков», попавших в Россию в начале XX века, стал главный герой по имени Фальк из трилогии «Homo Sapiens» (1895–1896) польско-немецкого писателя Станислава Пшибышевского, апологета Ницше. Именно в России Пшибышевский имел огромный успех. См. об этом [Steltner 2003].

таким образом они берут на себя функцию, которая по-разному конципирована для Триродова, Мастера и Корчагина.

Согласно идеологической модели, несомненно, что только Корчагина можно назвать положительным героем, который своими поступками «демонстрирует прочную связь личности и социалистического общества как опоры и фундамента человеческой жизни» [Ludwig 1976: 376]. В. С. Соловьев видит истинного «сверхчеловека» в его обращении к смерти:

> ...человек же есть прежде всего и в особенности «смертный» — в смысле *побеждаемого, преодолеваемого* смертью. А если так, то, значит, «сверхчеловек» должен быть прежде всего и в особенности *победителем смерти* — освобожденным освободителем человечества от тех существенных условий, которые делают смерть необходимою, и, следовательно, *исполнителем* тех условий, при которых возможно или вовсе не умирать, или, умерев, воскреснуть для вечной жизни [Соловьев 1988: 632–633] (курсив в оригинале. — *У. Ш.*).

Речь здесь идет не о телесности, которая присуща человеку «естественным образом» и которую тот должен нести и развивать до тех пор, пока не станет похож, например, на монументальных героев изобразительного искусства 1930-х годов. Речь идет исключительно о духовной стороне жизни. В. С. Соловьев использует христианскую формулу «вечной жизни», которая, с одной стороны, ведет назад в апории христианской традиции[53], с другой стороны, этот философ напрямую связывает с ней искусство. В. С. Соловьев так пишет о русском поэте-романтике М. Лермонтове: «Лермонтов, несомненно, был гений, то есть человек, уже от рождения близкий к сверхчеловеку, получивший задатки для великого дела, способный, а следовательно, обязанный его исполнить» [Соловьев 1991].

Людольф Мюллер поясняет, что Лермонтов был обязан «увидеть творчество, цель и смысл нашего существования, приблизить

---

[53] Ср. [Tetzner 2013], в особенности 42–61: отрывок 3.2. *Der Neue Mensch in Christus* («Новый человек во Христе»).

к этой цели самого себя и тем самым других людей» [Müller 1961]. Но он был слишком горд и исполнен чрезмерного самолюбия. Ему не хватало столь необходимого для этого христианского смирения. В свете этих объяснений пассивность Живаго по отношению к жизни можно расценивать как выражение именно этого смирения. Творчество Живаго, которое мы находим в части 17, можно рассматривать как направленное на себя, как инструмент познания «цели и смысла нашего существования».

Тем самым я расширил анализ до сферы чисто интеллектуальной интерпретации, которая, на мой взгляд, уже не принадлежит области эстетики и не может быть конкретизирована простым образом. Но данная интерпретация может придать смысл этой замечательной фигуре — безупречного, при этом пассивного «героя». Более того, эти построения контекстуально оправданы, поскольку в русской литературе есть и другие подобные герои[54]. Они также привязаны к предпочтениям рубежа XIX–XX веков, но при этом определены иначе. Такая интерпретация в отношении дискуссии о «новых людях», а также производные этой дискуссии — всего лишь одна из граней в структуре формы-функции текста и ни в коем случае не претендует на исчерпывающее объяснение. Тем не менее она дает возможность продолжить нашу тему и перейти к стихотворному разделу.

---

[54] Как есть и полная противоположность — главный герой романа соцреализма. Как описано в главе 4, интрига соцреалистического романа, несущая в себе обязательную модель для подражания, скрывала (в зависимости от восприятия — негативного или позитивного) большой эстетический потенциал.

6. Поэтическая часть романа и ее функции

На первый взгляд, эти 25 пронумерованных *стихотворений Юрия Живаго*, с указанием на фиктивного автора, воспринимаются как единое целое и в качестве такового имеют право на представление в прозаической части. При ближайшем рассмотрении обнаруживается некая упорядоченность, позволяющая говорить о цикле, причем 25 отдельных стихотворений могут быть объединены в более крупное целое. При этом стихотворения с точки зрения мотивов, тем и языковых средств очень различаются, хотя и отмечены имплицитным единством поэтики. Можно сказать, что по сравнению с частями 1–16 (в которых более двухсот глав) часть 17 — даже с учетом ее раздробленности — относительно однородна[1] и не «хаотична». Подобная раздробленность в большей степени имеет отношение к поэзии, чем к крупной прозе, и в лирике может быть без труда конкретизирована[2].

---

[1] 25 стихотворений состоят в общей сложности из 232 строф, которые, конечно, нельзя соотнести с более чем 200 разделами прозаической части. С другой стороны, количество строф подтверждает мысль о том, что разделы — с точки зрения лингвистических форм — привносят в прозу лирическую составляющую.

[2] Вопрос о том, могу ли я говорить о лирической поэзии, безусловно, здесь решается эвристически. Подобно тому как обозначение жанра «роман» относится к тексту в целом и изначально задает определенную рецепцию, название части 17 — цикла стихотворений — служит указанием на то, что текст является поэтическим произведением. Это указание на поэзию подтверждается и лингвистическими формами, то есть связанной речью. В ходе последующего обсуждения «лиризм» этих стихотворений будет рассмотрен системно.

Цикл

Если структура прозаической части определялась повторяющимися указаниями на место, реализующими сквозной для романа мотив дороги, то в собрании стихов такую консолидирующую функцию выполняют разного рода временные маркеры. Указание на время встречается в названии больше половины стихотворений —13 из 25: (2) «Март», (3) «На Страстной», (4) «Белая ночь», (5) «Весенняя распутица», (7) «Лето в городе», (10) «Бабье лето», (12) «Осень», (14) «Август», (15) «Зимняя ночь», (18) «Рождественская звезда», (19) «Рассвет», (22) «Дурные дни», (25) «Гефсиманский сад»[3]. Ход времени внутри цикла повторяет календарь и представляет последовательность христианских праздников, не будучи, конечно, *sensu stricto* идентичным календарному и православному церковному году[4]. Кроме стихотворений, не определенных по времени, заметно выделяются по своему названию явно переставленные во времени стихи, а именно — (12) «Осень» и (14) «Август»; также стоит обратить внимание на место стихотворения (4) «Белая ночь»[5] — между (3) «На Страстной» и (5) «Весенней распутицей». С формальной точки зрения отклонения можно было бы расценивать как способ привлечь внимание и как указание на более сложную — глубинную — структуру цикла.

Трактовку времени в цикле стихотворений, в свою очередь, можно рассматривать в свете концепции Бергсона, то есть как структурное время, при этом «раскрытое» в удвоении и посто-

---

[3] Эти названия представляют собой эксплицитные указания места, но место указывает на процесс, происходящий в определенное время.

[4] Андреа Улиг в своей краткой статье в «Справочнике по русскому поэтическому циклу» рассуждает об этом в слишком общих чертах [Uhlig 2006: 470]. О православном церковном календаре см. [Bodin 1976: 18].

[5] Знаменитые (петербургские) белые ночи, литературно обыгранные Ф. М. Достоевским, длятся с начала до конца июня. В стихотворении — сцена в Петербурге, но это скорее «бессонные ночи». Как синтагма «белые ночи», по-видимому, метафорически используется в романских языках или романской среде, ср. <frz.> nuit blanche, <ital.> notte bianca, <rum.> noapte albă и т. д.

янном упоминании количества (исчислимые месяцы и т. д.) и качества (библейские события и связанные с ними праздники). Конечно, эта модель лишь абстрактно соответствует временно́му порядку цикла. В случае с отдельными стихотворениями ситуация *per definitionem*[6] иная. У каждого из этих стихотворений, если можно так выразиться, свое «временно́е окно» с отдельной темой. В названиях остальных двенадцати стихотворений время не фигурирует: (1) «Гамлет», (6) «Объяснение», (8) «Ветер», (9) «Хмель», (11) «Свадьба», (13) «Сказка», (16) «Разлука», (17) «Свидание», (20) «Чудо», (21) «Земля», (23) «Магдалина I», (24) «Магдалина II».

Присущие «Стихотворениям Юрия Живаго» возможности разделения и атрибуции в исследовательской литературе трактуются по-разному, что указывает на многозначность цикла и отсутствие научного консенсуса в вопросах его истолкования. Показательна первая публикация частей цикла на родине Пастернака. В 1954 году в четвертом номере журнала «Знамя» под названием «Стихи из романа в прозе "Доктор Живаго"» появились стихотворения Юрия Живаго, причем поэтические произведения с христианскими мотивами или темами, а также вступительное стихотворение (1) «Гамлет» в публикацию не вошли. Сокращенный цикл начинается стихотворением (5) «Весенняя распутица» и заканчивается (11) «Свадьбой». В восьми стихотворениях[7], находящихся межу ними, на первый план выходит преимущественно любовный мотив. Имплицитно внутри цикла разворачивается история с двумя главными героями, мужчиной и женщиной. Наррация выявляет себя через развитие мотивов, которые можно проследить. Это «возвращение домой» (5 «Весенняя распутица»), «воспоминания» (4 «Белая ночь»), «повседневность» (2 «Март»), «ссора» (7 «Лето в городе») и т. д. Тема счастливого конца присутствует в стихотворении (11) «Свадьба». Слово «партизаны», находящееся в открывающем журнальный цикл

---

6   По определению (лат.). — *Прим. перев.*

7   Таких как (4) «Белая ночь», (2) «Март», (7) «Лето в городе», (8) «Ветер», (9) «Хмель», (10) «Бабье лето», (16) «Разлука» и (17) «Свидание».

стихотворении «Весенняя распутица», также отсылает к контексту прочтения стихотворений: прежде всего — к прозаической части романа и описанной в ней Гражданской войне 1920-х годов. Однако читатель «Знамени» знает о Гражданской войне лишь потому, что публикацию предваряет небольшое предисловие Пастернака, в котором указан период действия романа — с 1903 по 1929 год. Прозаическая часть стала официально доступна советскому читателю лишь в 1988 году. Ассоциативно восприятие читателя в 1954 году было более приемлемым направить на события Второй мировой войны, часть которой до настоящего времени называется в России Великой Отечественной войной, стоящей хронологически и тематически ближе, к тому же довольно широко представленной в литературе, чем актуализированные параллели[8].

Когда мы говорим об удвоении в романе Пастернака, особенно если речь идет о прозаической части, то описанное выше *обнажение* структурного времени в рамках стихотворного цикла удивления не вызывает, поскольку несет в себе мотивно-тематическую значимость. Его главная функция, безусловно, заключается в «апофеозе» главного героя, если можно так выразиться, без придания всему этому четкого смысла. Для определения функции поэтического цикла мы обратимся преимущественно к стихотворениям с христианскими мотивами, отложив остальные, подобно тому как в свое время журнал «Знамя» показал читателю лишь любовную лирику[9]. Возникает вопрос, какие стихотворения цикла прямо связаны с Евангелием или христианской традицией. Это однозначно в отношении, например, легенды о святом Георгии, победителе змия, присутствующей в центральном — по месту расположения в цикле — стихотво-

---

[8] Вспомним, как представлен главный герой в известном стихотворении К. Симонова «Жди меня» (1941).

[9] Становится очевидным, что разделение может быть только эвристическим или, как в случае с журналом «Знамя», прагматическим, поскольку два стихотворения — (23) и (24), посвященные (Марии) Магдалине (Магдалина I и II соответственно), тематизируют мотив любви, но связаны с библейской историей.

рении (13) «Сказка»[10]. Отбор стихов журналом «Знамя» может быть воспринят как исключающий список, однако при ближайшем рассмотрении становится понятно, что в публикацию не вошли не только однозначно религиозные тексты. Другие критерии также сыграли свою роль. Например, отсутствуют стихи (6) «Объяснение» и (12) «Осень»: в них нет отсылок к христианским мотивам, но прослеживается безрадостное отношение к действительности. Они явно противоречат оптимистическому настрою, которого требовал социалистический реализм и который, несомненно, присутствует в сокращенном цикле стихотворений. Кстати, он есть и в полной версии — 25 «Стихотворениях Юрия Живаго», но в ином виде — как новозаветная история воскресения. В исследовательской литературе встречаются попытки позитивного отбора стихов, то есть их группировки в соответствии с христианскими мотивами. Это означает, что отбор осуществляется по обнаруживаемым цезурам в последовательности частей или как тематический синопсис всех релевантных в этом отношении стихотворений. В работе Пер-Арне Бодина рассматриваются девять стихотворений[11], явно опять же не все содержащие христианский мотив, а только те, которые выражают «интерес Пастернака к Христу как активному борцу». В этих стихотворениях основным мотивом служит «борьба между пассивным и активным началами» [Бодин 1976: 6][12]. Поэтому показательно отсутствуют тексты, в которых объекты, относящиеся к христианству, только называются. Кстати, их не было

---

[10] Существуют работы, посвященные анализу сексуальной образности в этих стихах [Davie 1965: 101; Gaumnitz 1969: 77; Bodin 1976: 61]. Обращение к фрейдистским или символистским идеям в связи с сюжетом наводит на мысль о так называемой «смерти в любви», точнее — о значении французского эвфемизма *la petite mort*. (Выражение *la petite mort* многозначно. Здесь имеется в виду оргазм. — *Прим. перев.*)

[11] (1) «Гамлет», (3) «На Страстной», (13) «Сказка», (18) «Рождественская звезда», (20) «Чудо», (22) «Дурные дни», (23/24) «Магдалина» I/II, (25) «Гефсиманский сад».

[12] О том, что стихи принадлежат Юрию Живаго и только на другом коммуникативном уровне (разумеется!) Б. Пастернаку, будет сказано ниже.

и в «Знамени». Для меня это явное свидетельство того, какую тонкую грань удалось нащупать редакции журнала, готовя эту публикацию. Однако диапазон стихотворений цикла, так или иначе связанных с христианством, довольно широк — от прямого упоминания христианских мотивов (таких как, например, Преображение Господне в (14) «Август») или их контекста (Новый Завет в (19) «Рассвет») до выражений, используемых в религиозной сфере (в (12) «Осени» — «чаша горечи», а также «благо гибельного шага»). В этот диапазон входят и простые ассоциации, такие как трехкратное упоминание слова «скрещенье»: (15) «Зимняя ночь» — строфа 4, строки 3–4, что буквально означает «перекрещивание»: *скрещенья рук, скрещенья ног, судьбы скрещенья*. Именно в ко-тексте цикла способ образования слова «скрещенье», по-видимому, восходит к корневому слову «крест»[13]. Наконец, в стихотворении (21) «Земля» последняя строфа может быть понята как аллюзия на Тайную вечерю от (Мф. 26:26–29):

> Со мною сходятся друзья,
> И наши вечера — прощанья,
> Пирушки наши — завещанья,
> Чтоб тайная струя страданья
> Согрела холод бытия[14].

В данном цикле стихов наблюдаются две линии мотивов: с одной стороны, мотивы мирской жизни, включающие, например, *любовь*, а с другой — христианские мотивы, а именно — в вышеуказанном, бегло описанном мною изящном переплетении. В двух стихотворениях о Магдалине (23 и 24) эти линии четко сведены воедино. И тем не менее стихи остаются двусмысленными. Те же линии имеют отношение и к главному герою, лирическому «я», чья судьба в конце соотносится с образом Христа.

---

[13] Для нем. *Kreuzigung* (распятия как казни. — *Прим. перев.*) в русском языке используется слово иного корневого происхождения — распятие. Тем не менее изображенная ситуация также понимается и в религиозной терминологии; ср. [Baird 1962: 181].

[14] Здесь и далее «Стихотворения Юрия Живаго» цит. по: [IV: 515–548].

В отличие от описанных выше, другие параметры систематизации стихов цикла имеют меньшее значение для моего исследования, по крайней мере на этом этапе[15]. Принцип удвоения, сформулированный Бергсоном в его концепции времени (с точки зрения мотива находящийся между «повседневностью», «жизнью» и христианской традицией), выражен еще более абстрактно. Цикл в целом — это параллелизация, соединение и тематизация двух миров: мира реального и мира (христианской) идеи — в смысле концепций «богочеловечества», истинного «сверхчеловека», «подлинного искусства» В. С. Соловьева и прочего, как уже говорилось при обсуждении прозы.

Наконец, параллель между Живаго и Христом вводит в цикл динамику библейской истории, в более узком смысле — упомянутую выше «борьбу пассивного и активного начал». В прозаической части эта динамика отсутствует. Можно сказать, что с точки зрения повествования мы наблюдаем прямую инверсию доминирующих жанровых признаков между эпической и лирической структурами[16].

Вариативность и искусность

Я хотел бы обсудить вариативность языка стихотворений и связанную с ней искусность (особенно в контексте терминологии искусства) — понятий, которые начиная с 1920-х годов волновали Пастернака как напрямую, так и опосредованно. Об этом уже шла речь в главе 2, посвященной намерениям Пастернака создать повествование без «технической» витиеватости.

---

[15] См., например, [Bodin 1976: 17]. Бодин видит изоморфизм житийной иконы — иконы, включающей житийные сюжеты изображаемого святого, в центре которой находится святой, а вокруг — этапы его жития. В стихотворном цикле это образ святого Георгия, он же Юрий Живаго, вокруг которого расположены его жизненные вехи.

[16] Конечно, эта динамика применима и к любовной истории цикла. Однако она отчетливо проявляется только в сокращении — в оригинальном цикле она скрыта за библейским сюжетом.

Эстетическая теория напрямую связана с моей темой и попыткой описать взаимосвязь между формами прозаической и стихотворной речи гибридного романа «Доктор Живаго» и рассмотреть возможность конкретизации этих языковых средств. Нелишним будет еще раз отметить: ни в коем случае нельзя считать, что эксплицитно выраженное намерение психофизического автора и конкретизируемое намерение его «тени» в тексте, абстрактного автора, полностью совпадают. Пример пастернаковского стремления к «простоте», «ясности» и «понятности» в отношении прозаической части уже служит подтверждением этого несовпадения.

На этом этапе я хотел бы сделать небольшое отступление и дополнить проблематику жанра. Г. Майер пишет, что «Доктор Живаго» — «это *роман о художнике* в исключительно буржуазной традиции», и утверждает, что слабым местом всех подобных романов является «несоответствие между содержанием и формой» [Mayer 1962: 222]:

> Как и в других [романах о художнике], герой романа Пастернака попадает в опасную зону тихого комизма, которая всегда возникает там, где писателю приходится описывать великие интеллектуальные и художественные достижения своего героя, не будучи в состоянии словами передать ощущение того, что литературный герой создал великое искусство [Ibid.: 223].

В качестве примеров Майер приводит работу главного героя (художника) в драме Герхарта Гауптмана «Михаэль Крамер» (1900) или «великие музыкальные шедевры» Жан-Кристофа из одноименного романа Ромена Роллана (1904–1912):

> В процессе чтения мы тяготимся неприятным чувством. Пожалуй, только Андре Жиду и Томасу Манну удалось избежать этой дилеммы: фальшивомонетчики пародируют тему искусства, а автор «Доктора Фаустуса» предупредил ироническое преломление предельно выраженной музыкальной педантичностью [Ibid.: 223].

На мой взгляд, Майер путает оправданное неприятное чувство, связанное с положительным героем и «сверхчеловеком» Живаго, с его неудовлетворенностью своим произведением. В романе Пастернака, по сравнению с романами Гауптмана и Роллана, дело обстоит иначе. Мастерство лирического наследия Живаго можно исследовать и осмыслить положительно, однако Майер не считает главного героя способным на художественное мастерство ввиду тривиальности его «открытий в философии истории и социологии». Такой подход мне кажется слишком недальновидным или обусловленным определенным пониманием искусства[17], особенно если учитывать тот факт, что собственного мнения о стихах Майер так и не формулирует. Поэтому мне кажется уместным другой путь — поставить во главу угла языковые средства поэтической части романа и рассмотреть их в контексте прозаической, отказавшись от простого навешивания ярлыка «роман о художнике» и приведения пары негативных примеров. «Доктор Живаго» в той же малой степени «роман о художнике», в коей он может быть отнесен и к другим поджанрам или эпохальным предпочтениям.

25 стихотворений цикла характеризуются богатством языковых особенностей, которые я хотел бы бегло рассмотреть в целях демонстрации поэтики цикла. Для наглядности я приведу таблицу, включающую в себя группы значимых характеристик, таких как вид строфы, стихотворный размер, рифма и каденция, представление лирического автора-субъекта и использованная временна́я форма. Время имеет большое значение для процесса создания стихотворения. Я добавил разделение по мотивам *повседневность* и *Библия*, в соответствии с которыми, как сказано выше, стихи можно расположить тематически. Определение *повседневности* дано в качестве антитезы *библейской истории* из Нового Завета. Другие лингвистические характеристики, имеющие не меньшее художественное значение, такие как схемы и разновидности рифм,

---

[17] См. дуализм «формы и содержания», идущий от Гегеля, который не может быть стандартизирован. В лучшем случае он может быть использован идеологически, как формулировки Майера «анахроническая книга» или «исключительно буржуазная традиция».

звуковые повторы или ритм как функция ударения в словах и предложениях стопы, зафиксировать в таблице сложно. В отдельных случаях они будут рассмотрены на соответствующих примерах.

Ядро, вокруг которого группируется цикл с точки зрения лингвистических форм, состоит из 17 стихотворений со строфами по четыре строки в каждой, с катренами[18], обычно связанными перекрестной рифмовкой. Около половины стихотворений (12) написаны ямбом — наиболее популярным стихотворным размером, в основном четырех- или пятистопным. В целом распределение стихотворных размеров в цикле соответствует уровню развития системы русского стихосложения второй половины XX века, приведенной М. Л. Гаспаровым [Гаспаров 1974: 46][19]. Таким образом, не будучи новаторским в целом, цикл достаточно вариативен. В последовательности частей эта вариативность обладает четкой художественной функцией. При последовательном чтении стихотворений ощущается взаимопроникновение различных языковых и поэтических форм. Преобладает чередование женских и мужских рифм (et vice versa[20]); таким образом, особенно выделяются другие (например, дактилические) рифмы в сочетании с дактилическими/женскими. Вариативность также в целом проявляется как в отклонениях от постулируемого ядра, так и в сочетании с другими признаками. С другой стороны, мы наблюдаем значимые логические привязки в отношении сочетаний, например времени и мотива, когда мотив любви почти постоянно оформляется настоящим временем, а христианский мотив — прошедшим. Последнее, по крайней мере, обоснованно,

---

[18] Ядро, несомненно, основано на эвристической конструкции. Это необходимо для обсуждения таблицы, которая является лишь попыткой с опорой на текст хотя бы частично обосновать эстетическую концепцию, в частности последовательность стихотворений.

[19] По статистике ямб традиционно следует по частоте за хореем. В цикле он встречается шесть раз и, таким образом, занимает причитающееся ему второе место. Появление двух других стихотворных размеров: анапеста и амфибрахия — также соответствует традиционному развитию русской системы стиха. Дактиль в русской поэзии встречается сравнительно редко, в цикле он отсутствует.

[20] И наоборот (лат.). — *Прим. перев.*

Таблица выбранных характеристик отдельных стихотворений цикла

№	Строфа/ количество строк в строфе[1]	Стихотворный размер	Рифма[2]/ каденция	Персонаж: адресат[3]	Время	Тема	
						повседневность (в отдельных случаях — тема любви)	библейская (христианские мотивы)
1	4	Хорей/5	ж/м	[Я: ты] («Гамлет»: Бог)	прошедшее	X	X
2	4	Хорей/5	ж/м	—	настоящее	X	—
3	12/4–7	Ямб/4/3[4]	переменная[5]	—	настоящее	—	X
4	9	Анапест/3	(дакт.)/ж[6]	[Я: ты]	настоящее (прошедшее)	X	—
5	9	Ямб/4	ж/м	—	прошедшее	X	—
6	10: (2 раза по 5)	1: Хорей/5 2: Ямб/5	1: ж/м 2: м/ж	[Я: ты]	1: прошедшее 2: настоящее	X (любовь)	—
7	7	Анапест/2	(дакт.)/м	—	настоящее	X (любовь)	—
8	1/12	Ямб/4	переменная	[Я: ты]	настоящее	X (любовь)	—
9	2	Анапест/3	ж/м	[Я: ты]	настоящее	X (любовь)	—
10	6	Анапест/3	ж/м	—	настоящее	X	—
11	13	Хорей/4/3	м/ж	—	прошедшее	X	—
12	8	Ямб/4	ж/м	[Я: ты]	настоящее	X (любовь)	—
13	25 (7:10:8)	Хорей/3	м/ж	—	прошедшее	—	X
14	12	Ямб/4	(дакт.)/ж	[Я: ты]	прошедшее	X	(X)[7]
15	8	Ямб/4/2	м/ж	—	прошедшее	X (любовь)	—

16	12	Ямб/4/3	м/ж	—	настоящее	X (любовь)	—
17	10	Ямб/3	м/ж	[Я: ты]	настоящее	X (любовь)	—
18	20/3–7	(комплексный)[8]	переменная		прошедшее	—	X
19	8	Ямб/4	м/ж	[Я: ты] (Бог)	настоящее	—	X
20	8/2–6	Амфибрахий/3	ж/м		прошедшее	—	X
21	7/4–6	Ямб/4	переменная	X	настоящее	—	X
22	9	Амфибрахий/3	ж/м		прошедшее	—	X
23	5/5–7	Ямб/4	переменная	[Я: ты] (Магдалина: Христос)	настоящее	(X)[9] (любовь)	X
24	9	Хорей/5	ж/м	[Я: ты] (Магдалина: Христос)	настоящее	(X) (любовь)	X
25	14	Ямб/5	ж/м		прошедшее	—	X

1 Обычно 4 строки, если не оговорено иное.

2 Обычно перекрестная рифмовка, если не оговорено иное.

3 Все стихи без явно выраженного «я» по определению нейтральны.

4 Чередование в пределах строфы, что также отмечено ниже.

5 Изменяющаяся схема рифмы влечет за собой изменяющиеся каденции.

6 Дактилические рифмы встречаются в русской лирической поэзии довольно часто. Их истоки — в народной поэзии. Невыраженная женская каденция в таблице всегда состоит только из одного понижения.

7 В скобках указано только мотивировочное созвучие.

8 Строфы 1–8 по 4 строки в каждой с чередованием двух- и четырехдольных амфибрахиев в строфах 2–8 и рифма согласно схеме м/ж/ж/м. Первая строфа отклоняется от нее, так что регулярное чередование стоп в первой половине устанавливается только со второй строфы. Строфы 9–20 на всем их протяжении состоят из четырехстопного амфибрахия, но с разным количеством строк — от 3 до 6. Они обнаруживают четкие внутренние рифмы и ассонансы. Это, вероятно, самое сложное стихотворение всего цикла.

9 Речь идет об искажении библейского мотива Марии Магдалины.

если не неизбежно, поскольку речь идет об использовании библейского сюжета. То же, по-видимому, относится и к монологическому обращению «ты», связанному с мотивом любви. И здесь также исключения лишь подтверждают правило, точнее — делают его ощутимым. С одной стороны, в открывающем цикл стихотворении «Гамлет» лирическое «я» обращается к Богу; с другой стороны, любовное стихотворение (7) «Лето в городе» развивается нейтрально в сложном метафорическом процессе. Преобладающая форма строфы с четырьмя строками наиболее явно нарушена в стихотворении (8) «Ветер»:

(8) ВЕТЕР

Я кончился, а ты жива.
И ветер, жалуясь и плача,
Раскачивает лес и дачу.
Не каждую сосну отдельно,
А полностью все дерева
Со всею далью беспредельной,
Как парусников кузова
На глади бухты корабельной.
И это не из удальства
Или из ярости бесцельной,
А чтоб в тоске найти слова
Тебе для песни колыбельной.

Я хотел бы в качестве примера более подробно разобрать это стихотворение. Оно состоит из 1 строфы, содержащей 12 строк. Понятно, что эта одна длинная строфа изменяет восприятие стихотворения в целом. Она обеспечивает эффектную игру со схемой рифмы: a // B / B // C / a / C / a / C / a / C[21]. Два двойных слеша отмечают внутренние синтаксические границы, параллельные схеме рифмы, которые при этом могут быть семантически самостоятельными. В строке 1 устанавливается контраст между «я» и «ты», в то время как в стихах 2 и 3 в игру вводится третий агенс — «ветер», в дальнейшем определяющий ход собы-

---

[21] В русской стиховедческой традиции женская рифма обозначается прописной буквой, а мужская — строчной. — *Прим. ред.*

тий вплоть до кульминации — сло́ва «колыбельная» или действия, связанного с этим словом: «найти слова... для колыбельной». Если оглянуться назад при чтении 12-го стиха, то увидим, что стихотворение может восприниматься как колыбельная, сочинение которой запечатлено в процессе. Особую роль в этом отношении играет рифмованное двустишие «a / C». Оно используется пять раз и создает соответствующий ритм с чередованием мужской и женской клаузул. Чередование также играет роль дополнительного разделения. Посредством дальнейшего использования женской рифмы (за пределами изменения рифмы) граница «b // c» в значительной степени нарушается: a (м) // B (ж) / B (ж) / C (ж) и т. д. / C (ж) и т. д.

С точки зрения структуры подобная вариативность может проявляться только в бесстрофных стихах. В других стихотворениях граница строфы иногда пропускается рифмой или повторяющаяся рифма используется как средство интенсификации в более длинных строфах. Например, в стихотворении (3) «На Страстной» первые две строфы построены параллельно: 1-я строфа — a (м) / B (ж) / a (м) / a (м) / a (м) / a (м) / B (ж); 2-я строфа — a (м) / C (ж) / a (м) / a (м) / a (м) / C (ж)[22].

(3) НА СТРАСТНОЙ

Еще кругом ночная мгла.
Еще так рано в мире,
Что звездам в небе нет числа,
И каждая, как день, светла,
И если бы земля могла,
Она бы Пасху проспала
Под чтение Псалтыри.

Еще кругом ночная мгла.
Такая рань на свете,
Что площадь вечностью легла
От перекрестка до угла,
И до рассвета и тепла
Еще тысячелетье.

---

[22] Аналогичная ситуация наблюдается и в строфах с 7-й по 12-ю.

Рифма «a» также определяет 3-ю и 4-ю строфы (из четверостиший) в нечетных строках стиха. Последовательность одинаковых рифм имеет эффект крещендо, который резко заканчивается сменой рифмы, каковая задает ритмическое завершение. С точки зрения дальнейшей функционализации интересно то, что наряду со стихотворением (25) «Гефсиманский сад» другие: (3) «На Страстной» и (18) «Рождественская звезда», наиболее явно связанные с Библией или библейскими традициями, — демонстрируют достаточно сложную внутреннюю структуру[23]. Именно в этих двух стихотворениях христианские мотивы выражены особенно отчетливо: (3) «На Страстной» — начало всего цикла, (18) «Рождественская звезда» — финал, «завершающее толкование смысла жизни Живаго», «связывающее его судьбу с жизнью и со смертью Христа»[24]. Помимо привлечения внимания к изменению изображаемого мира, я вижу здесь еще одну художественную функцию. Она основана на доминировании выразительных языковых средств в противовес простой передаче того, чем на самом деле является библейский миф. Эта передача в определенной степени избыточна и поэтому должна встраиваться в необходимый контекст, как, например, в литургические контексты христианства. В данном цикле легитимация передачи осуществляется используемыми лингвистическими средствами, то есть отношением говорящего к тому, что он произносит. Можно сказать, что так известные эпизоды библейской истории делаются более интересными. Эта тенденция усиливает параллель «Живаго — Христос», то есть «толкование жизни Живаго», о которой говорилось выше. Речь здесь идет о совершенно новой версии мифа и его интерпретации по отношению к жизни: эта интерпретация имплицитна и растворена в контексте «жизни», в отличие от бытования библейского текста исключительно во время бого-

---

[23] «Религиозные стихи вводят новый полиморфизм стиха и ритма» [Gaumnitz 1969: 99]. На мой взгляд, этот полиморфизм относится ко всем стихотворениям религиозной направленности, а не только к стихам конца цикла.

[24] См. мнение Людольфа Мюллера о стихотворениях (18)–(24) [Müller 1963: 9, 13].

служения. Совершенно иная строфика обнаруживается в стихотворениях (11) «Свадьба» и (13) «Сказка». Оба произведения довольно длинны: «Свадьба» занимает 13, а «Сказка» — 25 катренов. «Свадьба» написана в форме баллады, которая оформилась в русской традиции в начале XIX века в результате так называемой полемики о балладе, касающейся перевода баллады Готфрида Августа Бюргера «Ленора» (1773). Это стихотворение Пастернака является даже в более широком смысле отсылкой к адаптации баллады Бюргера к русской почве Василием Жуковским. Речь идет о поэме последнего «Светлана» (1813), в которой изображены народные традиции и, в частности, свадебный обряд. Они же присутствуют и в стихотворении Пастернака.

Стихотворение (13) «Сказка» примечательно во многих смыслах. Прежде всего, оно находится в самом центре поэтического цикла, имеет необычную длину[25], наполнено сказочными персонажами и, наконец, написано необычным в контексте цикла размером — трехстопным хореем. Это произведение единственное, которое представлено в прозаической части в *in statu nascendi*[26] и наделено авторским смыслом, что отражается и на метрике стихотворения, которая для русской поэзии весьма необычна:

Теперь, на другой день, просматривая эти пробы, он нашел, что им недостает содержательной завязки, которая сводила бы воедино распадающиеся строки. Постепенно перемарывая написанное, Юрий Андреевич стал в той же лирической манере излагать легенду о Егории Храбром. Он начал с широкого, предоставляющего большой простор, пятистопника. Независимое от содержания, самому размеру свойственное благозвучие раздражало его своей казенной фальшивою певучестью. Он бросил напыщенный размер с цезурою, стеснив строки до четырех стоп, как борются

---

[25] Количество строф идентично количеству стихотворений цикла. Можно ли сделать из этого некий функциональный вывод, пока неясно. Поскольку строфы, в отличие от стихов, не пронумерованы, читателю придется самому додуматься подсчитать их — так он сможет увидеть игру чисел и оценить этот графический «подтекст».

[26] В процессе зарождения (лат.). — *Прим. перев.*

в прозе с многословием. Писать стало труднее и заманчивее. Работа пошла живее, но все же излишняя болтливость проникала в нее. Он заставил себя укоротить строчки еще больше. Словам стало тесно в трехстопнике, последние следы сонливости слетели с пишущего, он пробудился, загорелся, узость строчных промежутков сама подсказывала, чем их наполнить. Предметы, едва названные на словах, стали не шутя вырисовываться в раме упоминания. Он услышал ход лошади, ступающей по поверхности стихотворения, как слышно спотыкание конской иноходи в одной из баллад Шопена. Георгий Победоносец скакал на коне по необозримому пространству степи, Юрий Андреевич видел сзади, как он уменьшается, удаляясь. Юрий Андреевич писал с лихорадочной торопливостью, едва успевая записывать слова и строчки, являвшиеся сплошь к месту и впопад [IV: 438–439].

Можно сказать, что известный миф о святом Георгии художественно легитимируется здесь с помощью языковых средств, не говоря уже о столь ярком — и единственном! — акценте на этом стихотворении в прозаическом разделе. В целом тип рифм в стихах Юрия Живаго обобщить сложно. К их формальному образованию, видимо, применим принцип вариативности, то есть здесь можно обнаружить почти все мыслимые вариации русской лирической поэзии середины XX века. Назовем лишь основные:

— точные рифмы[27] — <1> «встревожил: ожил» (19: 2, 2/4)[28] — или морфологически менее сложные мужские рифмы типа <2> «пути: перейти» (1: 4, 2/4);

---

[27] Я использую русскую классификацию. Точные рифмы возникают, когда звуки справа от опорного согласного являются идентичными, за некоторым исключением — для определенных звуков, таких как [и/ы] или групп, таких как [и/ий], которые рассматриваются как идентичные. В случае с богатыми рифмами дополнительно идентичен как минимум опорный согласный, даже если слева от него присутствуют дополнительные звуки. Неточные рифмы открывают широкое поле ассонансных возможностей справа от опорного согласного.

[28] Здесь и далее в соответствии с обозначениями: [стихотворение №]: [строфа №], [строка] х/у.

— богатые рифмы — <3> «малокровьем: коровьем» (2: 2, 1/3);
— редкие «грамматические» рифмы, морфологически обосно-
ванный особый случай точных рифм, — <4> «прощанья: завещанья: страданья» (21: 7, 3/4/5);
— неточные рифмы различного происхождения — <5> «лица:
плащаницей» (3: 8, 3/5); <6> «урочищам: грохочущим» (4:
5, 1/3); <7> «подмостки: отголоске» (1: 1, 1/3); <8> «безмолвие:
молнии» (7: 5, 1/3).

По статистике в «Стихотворениях Юрия Живаго» преоблада-
ют точные рифмы — 56 %, а богатые рифмы — как расширение
точных составляют 12 %. В целом эти рифмы образуют более двух
третей всего цикла по сравнению с 31 % неточных рифм. Последние фактически утвердились в поэзии только в XX веке. Этот
факт, наглядно представленный статистически, касается не
только своеобразия поэзии Пастернака, но и благозвучности
стихов. В этом отношении обилие рифм представляется мне
в значимой степени показательным, что видно из приведенных
и *pars pro toto*[29] примерах. В примере <1> «встревожил: ожил»
рифма морфологически представляет собой эхо второй части
первого рифмующегося слова. В следующих случаях, <2> «пути:
перейти» и <3> «малокровьем: коровьем», задействованы звуковые повторы вне каденции, а именно: в <2> — начальный звук
«п» рифмующихся слов плюс каденция «ти», в <3> — «ок/ко» —
«малокровьем: коровьем». То же и даже более сложное соответствие относится к примеру <6> «урочищам: грохочущим», в котором повторяется не только часть согласных — шипящих «ч:
щ», но и гласные, причем в другой последовательности, создавая
своего рода игру слов: «у-ó-и-а : о[а]-ó-у-и»[30]. Можно сказать, что
довольно сомнительные ввиду своей легкой доступности «грамматические» рифмы в примере <4> как бы нейтрализуются по-

---

[29] Часть вместо целого; достаточно капли, чтобы можно было судить о свой-
ствах океана (лат.). — *Прим. перев.*

[30] В безударном положении фонемы /а/ и /о/ фонетически идентичны.

следовательностью из восьми рифм в строфах 6 и 7[31]. Кроме того, идущие параллельно рифмующиеся слова «прощанья: завещанья» из-за присутствующего в них «щ», расширения к богатой рифме, тесно связаны и выделяются последовательно (согласно чередованию). Стихотворение (14) «Август» начинается фонетически сложно: «обма́нывая: ра́но: шафра́новою: дива́на» (14:1, 1/2/3/4)[32]. Четырехчастная группа удерживается не только при помощи неравносложной рифмы с участием звукового сочетания «ан», которая проявляется как в женских, так и в мужских каденциях, но и тем, что в параллельных рифмах 2/3 полностью повторяется рифмующееся слово «рано». Так появляется искусно связанная более глубокая рифма[33]. Следует отметить, что воздействие рифмы также зависит от значений связанных рифмующихся слов. Этот процесс трудно поддается обобщению, разве что на примере отдельных стихотворений, методом, который полагаю здесь неуместным из-за иного направления моего исследовательского интереса. Наконец, стихи Живаго не лишены внутренних рифм, ассонансов и основанной на них игры слов, которая особенно характерна для ранних стихотворений Пастернака. Это одно из средств вариативной поэтики автора. Наглядным примером служит четвертая строфа стихотворения (18) «Рождественская звезда»: «ограды, надгробья / оглобля в сугробе». Речь идет о повторении согласных звуков /г/, /б/ и /р/ или /л/, что фонетически метонимично русскому /р/, а также о повторении гласных звуков «о/а».

> Вдали было поле в снегу и погост,
> Ограды, надгробья,
> Оглобля в сугробе,
> И небо над кладбищем, полное звезд.

---

[31] Также в тума́не: призва́нье: расстоя́нья: гра́нью: ра́нней: проща́нья: завеща́нья: страда́нья.

[32] Кроме того, «обманывая: шафрановою» — одна из редких гипердактилических рифм.

[33] В немецкой традиции такая рифма называется полной или омонимичной.

Что касается функциональной связи между вариативностью и сложностью поэтики, то особое внимание традиционно уделяется использованию слов. И здесь из-за фундаментальной связи между формулировкой и значением слова важную роль приобретает концептуальное значение всего выражения. Также хотелось бы указать на некоторые особенности *pars pro toto*.

- Бросаются в глаза слова, имеющие два лексических значения, например название стихотворения (9) «Хмель». В этом произведении, состоящем из двух строф, актуальны оба значения: хмель как *растение* — прямое значение, хмель как *опьянение* — ассоциативное.
- Иным, но сопоставимым является использование выражения «миром» (строфа 1, строка 3) в стихотворении (24) «Магдалина II». В русском языке слово «миром» является производным от «мир» (согласие, покой). В библейском контексте слово «миром» используется как творительный падеж существительного «миро». Магдалина омывает ноги Иисуса благовонным маслом[34]. Помимо канонического толкования, в ко-тексте присутствует и бытовая интерпретация: «Обмываю миром из ведерка // Я стопы пречистые твои».
- В стихотворении (14) «Август» в стихе 4 последней строфы слова «творчество» и «чудотворство» следуют друг за другом. На передний план выходит общий корень «твор» и создает посредством игры слов ассоциативную связь между процессом и результатом.
- Последовательность четырех рифмующихся слов первого и последнего стиха третьего раздела стихотворения (13) «Сказка», а именно — «ве́ки: облака́: ре́ки: века́», связывает понятия «веки» и «века». Это связь, которая в конечном итоге остается иррациональной. Появлению этой связи способствует и чередование звуковой группы «-ки/-ка»:

---

[34] См. (Лк. 7:38): «И целовала ноги Его, и мазала миром». Перевод по Лютеру (с нем. дословно. — *Прим. перев.*): «И целовала ноги Его, и помазала их миром». Речь идет не о Марии Магдалине, а о «грешнице».

> Сомкнутые веки.
> Выси. Облака.
> Воды. Броды. Реки.
> Годы и века.

- В стихотворении (3) «На Страстной» девятая строфа содержит лексему «весна» и производное от нее прилагательное «весенний», а также близкий ему и более поэтичный вариант «вешний». На первый план выходят морфологические изменения. Первые две строфы, которые я цитировал выше, описывают ситуацию из общей (в том числе и в плане лингвистического оформления) точки. Далее формулировки меняются, но содержание остается примерно одинаковым. В третьей строке синтаксических изменений не происходит, но содержание меняется:

(строфа 1)

> Еще кругом ночная мгла.
> Еще так рано в мире,
> Что звездам в небе нет числа...

(строфа 2)

> Еще кругом ночная мгла.
> Такая рань на свете,
> Что площадь вечностью легла...

Аналогичная ситуация наблюдается, когда связанным объектам даются разные названия. В стихотворении (13) «Сказка» главный герой преодолевает (наиболее частое обозначение в строфах с 4 по 7) «лесной бугор: курган: суходол: гору: ложбину», затем следуют «обрыву» (строфа 7) и «оврагом» (строфа 10).
- В стихотворении (11) «Свадьба» музыкальный инструмент назван тремя разными словами: «тальянка: аккордеон: баян» (строфы 1, 3 и 4).
- В стихотворении (18) «Рождественская звезда» при описании света Вифлеемской звезды нашему взору предстают неожи-

данные и нестандартные сравнения (строфы с 6 по 8): «пламенела, как стог»: «как отблеск поджога»: «как хутор в огне и пожар на гумне»: «горящей скирдой»: «растущее зарево рдело над ней»: «небывалых огней»:

> Она пламенела, как стог, в стороне
> От неба и Бога,
> Как отблеск поджога,
> Как хутор в огне и пожар на гумне.
>
> Она возвышалась горящей скирдой
> Соломы и сена
> Средь целой вселенной,
> Встревоженной этою новой звездой.
>
> Растущее зарево рдело над ней
> И значило что-то,
> И три звездочета
> Спешили на зов небывалых огней.

Ранее я определил сходство цикла, разделенного на 25 стихотворений и содержащего 230 строф, с прозаической частью, состоящей из 16 частей и примерно 200 разделов. Говоря кратко, за числовым разделением стоит вариативность форм использования разрозненных языковых средств, которые, с одной стороны, соответствуют жанру, даже если речь идет о наиболее простом, фонетическом, аспекте, с другой — кажутся созданными особым образом. Эта вариативность лингвистических форм кажется «выставленной напоказ» и свидетельствует об искусном владении мастерством стихосложения, которое в контексте творчества Пастернака-поэта вряд ли кого-то удивит. Когда Андрей Вознесенский пишет, что в романе речь не идет о том, как сочинять стихи, он тонко намекает на друга и конкурента Пастернака Владимира Маяковского[35]. Его слова можно понять и таким образом, что выставленная напоказ вариативность — нарочитая

---

[35] См. выше гл. 4. Вознесенский, однако, имеет в виду связь между прозаической и заключительной поэтической частью.

и нескромная демонстрация мастерства. Эта искусность отсылает к русской поэзии того времени, тогда как в прозаическом разделе стилистические приемы русской прозы служат, напротив, поддержанию хаотичности. С другой стороны, искусность, «выставленная напоказ», контрастирует с «неприкрашенной», но хаотичной прозой, которая в конечном итоге, являясь частью художественного целого, требует наделения смыслом.

Действие: наррация, пуант и мораль

Каждое стихотворение имеет определенную структуру, которую я хотел бы объяснить с использованием терминов «наррация», «пуант», «мораль» и тем самым предварить объяснение изображенного мира и его перспективацию. Как уже обсуждалось в отношении прозаической части, наррация касается причинно-временной связи, эксплицитность которой обязательной не является. В любом случае интуитивно связать поэзию с нарративом вряд ли получится. Среди стихов Живаго есть всего несколько, в которых конфликт появляется или разрешается посредством действия. Стихотворение (13) «Сказка» уже в своем названии содержит указание на нарративный жанр. И все же нарация остается сравнительно туманной. Главный герой получает предупреждение, но не следует ему. Так, он может услышать крик о помощи, которому он следует, чтобы совершить героический поступок. Он спасает деву от дракона. Задача, которую ему предстоит решить, имплицитна. Явной она становится только после решения, хотя на эту задачу намекают общепринятые атрибуты героя. Он бросается, как рыцарь, в бой. В некоторой степени стихотворение напоминает сложно организованную сюжетную структуру прозаической части. В ней также только через одно из действующих лиц, а именно — «помощника», Евграфа, определяется задача «героя»[36] — выживание, а способ решения этой задачи — стихи. Во вступительном

---

[36] Строго говоря, роль «героя» проявляется благодаря «помощнику», как я уже писал в главе 3.

стихотворении (1) «Гамлет» задача героя состоит в том, чтобы сыграть роль (в пьесе Шекспира), которая далее оборачивается миссией Христа. Присутствующий здесь конфликт — мгновенный отказ героя от намеченной судьбы. Решение заключается, по-видимому, в повторной смене ролей — переходе от Христа к лирическому «я» — и готовности «жизнь прожить», а не «поле перейти».

Сейчас я хотел бы остановиться на последнем стихотворении цикла, (25) «Гефсиманский сад». Оно напрямую связано с первым стихотворением, поскольку возвращается к библейской цитате: «Отче мой! если возможно, да минует Меня чаша сия» (Мф. 26:39). Вариация представляет интерес, поскольку в (1) «Гамлет» есть та же цитата, но данная по Евангелию от Марка: «Авва Отче! все возможно Тебе; пронеси чашу сию мимо Меня» (Мк. 14:36)[37]. В этой вариации я вновь вижу игру с возможностями, которые предоставляет поэту цикл. Как отмечалось выше, происходящее в стихотворении (25) в целом следует словам евангелиста Матфея; даже конфликт между сопротивлением и смирением перед Божьим замыслом заимствован из Библии. В других стихотворениях, где преобладает прошедшее время и в которых почти без исключения присутствует библейская тема, речь идет о временны́х процессах, которые создают лишь видимость причинности. В стихотворении (20) «Чудо» законы природы противопоставлены силе Слова Божьего; однако в тексте нет исходной ситуации, способной измениться[38]. В конце стихотворения появляется мораль, согласно которой содержание интерпретируется как аллегория. Вход Иисуса в Иерусалим и изменение отношения людей к нему описаны в стихотворении (22) «Дурные дни». Здесь, как и в других стихах, где использованы истории из Евангелий, мы наблюдаем склон-

---

[37] Помимо разной формы обращения, в русском оригинале наблюдается различная структура предложения: в случае цитаты по Матфею — модальная конструкция настоящего времени, по Марку — императив. Таким образом, эта фраза Пастернаком как бы цитируется.

[38] Мотив или притча о бесплодной смоковнице в разных вариантах встречается в (Лк. 13:6–9) и (Мк. 11:12–14).

ность автора к описанию бытовых подробностей[39]. Реального конфликта между Иисусом и его врагами не предполагается, но все заканчивается внезапно, «как сон», — воспоминанием об этапах жизни и о чудесах. Довольно длинное стихотворение (18) «Рождественская звезда» воспринимается, говоря современным языком, как репортаж с места событий. В конце цепочки посетителей младенца Иисуса как бы появляется и звезда Вифлеема. Она неожиданно ставит финальную точку — это своего рода кульминация, без нее чисто темпоральная последовательность могла бы продолжаться *ad infinitum*[40]. Таким образом, мы видим, что лирическим сюжетом управляет не логика наррации, а нечто другое: мне кажется, это — финал стихотворений. Наррация заканчивается разрешением конфликта и, согласно модели Проппа, выполнением задачи, как это можно было бы описать в стихотворении (13) «Сказка». Далее обычно следует еще одна часть, для которой, на мой взгляд, нет четкого обозначения. Чтобы помочь себе, я бы хотел обратиться к античной риторике. Ролан Барт, рассуждая об эпилоге, пишет следующее:

> Как узнать, что дискурс заканчивается? Конец так же произволен, как и начало. Для завершения требуется импульс. <...> Предлогом для этого импульса послужила страсть (что доказывает, как много древние знали о «скуке» своих дискурсов!). Аристотель упоминает об этом, но не в контексте эпилога, а в связи с периодом: период — «при-

---

[39] Это метод «осознания» и дальнейшего переосмысления библейского мифа, использованного, например, Томасом Манном в своей тетралогии 1948 года «Иосиф и его братья». Тот же метод применен к сюжету о Пилате у Булгакова в «Мастере и Маргарите» или в романе Ч. Айтматова «Плаха» (1986). До начала нового времени использование так называемого «библейского сказания» было обычным явлением. В дальнейшем это сказание все больше искажалось и «секуляризировалось» [Kartschoke 1984: 34–39], поэтому можно говорить о его пересмотре, причем не только из-за искажения, но и из-за связанного с ним закрепления библейского события в структуре текста в целом. Бодин рассматривает связь между библейскими и современными событиями как некую практику, передающуюся из поколение в поколение [Bodin 1976: 3].

[40] До бесконечности (лат.). — *Прим. перев.*

ятный» тезис, потому что он противоположен тезису бесконечности; неприятно ничего не предвидеть, нигде не
видеть конца [Barthes 1990: 77].

Сегодня термин «эпилог» приобрел другой оттенок, и потому
вместо него я буду использовать понятие «пуант». Оно предполагает неожиданность по своему содержанию[41] и в определенных
случаях может ввести в заблуждение. Среди «Стихотворений
Юрия Живаго» есть несколько в узком смысле слова «заострен-
ных», есть и другие, которые заканчиваются иначе. Но и в них
есть хотя бы один пуант. К примеру, довольно неожиданно использована поговорка «Жизнь прожить — не поле перейти»
в последней строке первого стихотворения цикла. Поговорка
подтверждает новую смену ролей — от Гамлета через Христа
к лирическому «я». Тот факт, что именно «навоз» представлен как
«всего живитель и виновник» ((2) «Март»), говорит о том, что это
и есть пуант, а также контрапункт тональности предыдущего
стихотворения — (1) «Гамлет» — по отношению к жизни, клю-
чевому слову романа.

Если с этой точки зрения посмотреть на концовку стихотворения (3) «На Страстной», то обращает на себя внимание понятие
смерти. Оно не только логически включается в понятие «жизнь»,
но и упраздняется в «вечной жизни» и в понимании христианского учения. Стихотворение заканчивается словами «Усильем
Воскресенья». Но пуантом выступает предшествующее выражение «распогодь», соответственно в метафорическом применении
погодного явления для предсказания пасхальных событий.

Эти три начальных стихотворения цикла тематически связаны
пуантами, которые также поддерживают порядок расположения
текстов в цикле.

Я не имею намерения анализировать концовку каждого отдельного стихотворения цикла, но хотел бы высветить его
сложную структуру. Противоположностью к описанной выше
концовке с пуантом являются словосочетания, которые более или

---

[41] См. [Burdorf et al. 2007: 596] «Pointe/Пуант».

менее четко резюмируют содержание. Такие тексты встречаются в первой половине цикла, например в:

(5) «Весенняя распутица»:

> Размеренные эти доли
> Безумья, боли, счастья, мук.

(11) «Свадьба»:

> Только песня, только сон,
> Только голубь сизый.

(13) «Сказка»:

> Воды. Броды. Реки.
> Годы и века[42].

(14) «Август»:

> И образ мира, в слове явленный,
> И творчество, и чудотворство[43].

(15) «Зимняя ночь»:

> Свеча горела на столе,
> Свеча горела.

Сила воздействия этих стихов основана прежде всего на сочетании их значений, последовательности выражений или синтагм, словесных и звуковых повторах, внутренних рифмах и перекрывающем все и вся ритме.

Во второй половине цикла возникает еще одна концовка — абстрагирование лирического героя от происходящего и его эксплицитная интерпретация, то есть прямо проговоренная мораль. Так, стихотворение о любви (17) «Свидание» заканчива-

---

[42] Здесь нужно было бы процитировать всю последнюю строфу, которая повторяется дважды.

[43] Об игре слов в последней строке ср. выше, раздел «Вариативность и искусность».

ется риторическим экзистенциальным вопросом, ответ на который, если рассматривать цикл в целом, его темы и мотивы, вероятно, следует искать в христианском послании[44]. Также этот вопрос косвенно отсылает к задаче главного героя — *выжить* — при условии корреляции лирического «я» и Живаго. Существование цикла в целом дает ответ на риторический вопрос:

> Но кто мы и откуда,
> Когда от всех тех лет
> Остались пересуды,
> А нас на свете нет?

Аналогичные объяснения можно найти и в стихах (19) «Рассвет», (20) «Чудо» и (21) «Земля», теперь уже в форме высказывания, которое, наконец, в стихотворении (25) «Гефсиманский сад» становится прямой речью (обращением) и вкладывается в уста Христа:

> Ты видишь, ход веков подобен притче
> И может загореться на ходу.
> Во имя страшного ее величья
> Я в добровольных муках в гроб сойду.
>
> Я в гроб сойду и в третий день восстану,
> И, как сплавляют по реке плоты,
> Ко мне на суд, как баржи каравана,
> Столетья поплывут из темноты.

Здесь речь идет о довольно загадочном повороте, поскольку интерпретация мировой истории в приведенной форме не основывается на Новом Завете. Тем не менее она отсылает к эксплицитным мотивам вступительного стихотворения (1) «Гамлет», центрального — (13) «Сказка» — и распространяется далеко за пределы стихов. Эта интерпретация служит заключительным словом ко всему циклу, своего рода пуантом, и может быть отнесена к роману в целом.

---

[44] В упомянутой выше публикации десяти стихотворений в 1954 году в журнале «Знамя» последняя строфа отсутствовала.

Слово «век» можно считать ключевым понятием для цикла. Синонимы «век»/«столетье» см. в стихотворениях (25) «Гефсиманский сад», (1) «Гамлет» и (13) «Сказка». Кроме того, «век» встречается и в стихотворениях (6) «Объяснение» и (18) «Рождественская звезда»[45]. Слово «век» в русском языке многозначно. В зависимости от контекста им можно назвать «столетие», «время (возраст)» и «жизнь»[46]. В первой строфе стихотворения (1) «Гамлет» строки 3–4 звучат так: «Я ловлю в далеком отголоске, / Что случится на моем веку». Кому принадлежат эти слова на самом деле, нам еще предстоит разобраться. Можно сказать, что в процитированном выше заключительном слове «я» этого высказывания в некоторой степени соответствует «Христос» — будь то Гамлет, Христос или местоименное обозначение дейксиса. Однако (Страшный) суд, один из сквозных мотивов цикла, касается истории, а не индивида и поэтому может быть отнесен к изображаемому миру прозаической части — и тогда в прозаическом разделе реализована метафора века или эпохи, находящихся в огне.

Другие десять стихотворений, которые мы до сих пор подробно не рассматривали, также следуют определенному порядку, содержащему элемент неожиданности. Такова, например, роль ветра, рождающего колыбельную в стихотворении (8) «Ветер», или противопоставления двух значений либо производных от них в стихотворении (9) «Хмель». Другие заканчиваются образом-загадкой, основанным на типичной для Пастернака метонимии: в стихотворении (4) «Белая ночь» — деревья белой ночи «точно знаки прощальные делая»; в стихотворении (7) «Лето в городе» — не выспались «вековые, пахучие, неотцветшие липы» и т. д.

---

[45] В (6) «Объяснение»: «А я пред чудом женских рук, / Спины, и плеч, и шеи / И так с привязанностью слуг / Весь век благоговею»; в (18) «Рождественская звезда»: «И странным виденьем грядущей поры / Вставало вдали все пришедшее после. / Все мысли веков, все мечты, все миры...».

[46] В различных стихотворениях актуализируются все три варианта значения «век», а именно: (1) — возраст, (6) — жизнь, (13) и (18) — века.

Лирическое «я» и изображаемый мир

Стихи, вышедшие из-под пера Пастернака, принадлежат вы-
мышленному автору — Юрию Живаго. Разногласия критиков[47],
а также мнения, высказанные в научно-исследовательской литературе относительно возможной дифференциации «стихов Пастернака» и «стихов Живаго»[48], обусловлены, на мой взгляд,
отсутствием возможности их разделения, а также иллюзией
подлинности текста, о которой говорилось в главе 3 и которая
органически свойственна романному повествованию. Но, как
я уже упоминал, проблема эстетики не может быть решена простым обращением к биографическим сведениям об авторе
и фактам создания романа. Я хотел бы прояснить характер ре-
презентации лирического «я» в стихах и то, как это «я» логически
соотносится с Живаго. Стихи сборника «Сестра моя — жизнь»,
например, написаны от лица интенционального «я», которое
Пастернаком не является. Эстетически обусловленный автор
стихов Юрия Живаго не Живаго. Или?..

Мои сомнения основаны на феномене метаповествования,
который обсуждался в предыдущей главе в рамках жанровой
специфики так называемого двойного романа. В то время как
в сборнике «Сестра моя — жизнь» поэт не играет никакой роли
(если, конечно, наивно не отождествлять «я» лирического героя
с личностью биографического автора), то в романе у этого «я»

---

[47] Редакция «Нового мира» говорит о «жертве» поэтического таланта в пользу
вымышленного автора. Другие видят в стихах лишь выражение биографического автора — Пастернака — и тем самым выводят стихи за пределы
изображенного в прозаической части мира. Так считает и Ганс Майер
[Mayer 1962: 223]. Это, можно сказать, комплементарное обособление прозаической части и выделение ее как релевантного «лица» романа в целом.

[48] Гелла Гаумниц следует сомнительному критерию «беспроблемности»
включения отдельных стихов в другие поэтические сборники Пастернака,
например стихотворения (10) «Бабье лето» [Gaumnitz 1969: 20, 64]. Дональд
Дэви же придерживается противоположной точки зрения, хотя обосновывает ее чисто прагматически [Davie 1965: 113]. Это касается стихов (16)
«Разлука» и (17) «Свидание». Ср. критические замечания по этому поводу
Джона Бейли [Bayley, Davie 1966: 212f].

есть реальный план выражения — герой, чьи действия как поэта становятся предметом изображения. Результаты действий могут быть рассмотрены и оценены. Однако Живаго создан рассказчиком. За редким исключением, речь в прозаической части ведется не от его лица, так что по крайней мере в этой части конкретизация «я» не обязательна[49]. Ее отсутствие фактически положило бы конец разделению между стихами Пастернака и Живаго.

Но у метаповествования две стороны. К упомянутым в предыдущей главе критериям двойного романа относятся две самостоятельные сюжетные линии (критерий 2) и уже адаптированная к частному случаю стихов независимость изображаемого мира (критерий 4). Специфика лирического жанра создает особую связь между «я» и миром. Поэтому в этом контексте следует обсуждать обе характеристики.

Статья Андреа Улиг содержит мысль о том, что основополагающим для циклической структуры стихотворений является чередование уровней интенциональности автора Юрия Живаго и истории жизни и страданий Иисуса Христа. Это чередование выражается через смену перспективы между «лирическим *я-говорящим* и *он-говорящим*»[50]. В таблице (см. предыдущий раздел) это изменение учтено. Оно формально по своей природе, но не всегда совпадает с функциональностью, отмеченной Улиг. В статье также содержится такое наблюдение: «...в некоторых местах эти уровни совпадают, поскольку автор цикла — доктор Живаго, — очевидно, видит себя следующим за Христом» [Uhlig 2006: 468]. Но есть ряд стихотворений, в которых лирическое «я» не выражено; эти стихи не могут быть проанализированы подобным образом, что также наглядно представлено в таблице. Очевидно, что отношения разных авторов в стихах Живаго гораздо сложнее, потому что уже во вступительном стихотворении дейксис «я»

---

[49] Художественная изысканность этой речевой передачи не воспринимается эстетически, вероятно из-за хаотичности описания.

[50] См. [Uhlig 2006: 468]. Я не использую вводящий в заблуждение термин «он-говорящий», а отношу все стихи без явно выраженного «я» к нейтральным.

указывает не на интенциональное «я», а на агенса в изменяющихся ролях. Данное «я» — актер, который играет (или должен сыграть) Гамлета: этот актер неожиданно видит себя в роли Христа (если понимать стихотворение исходя из изображаемой ситуации), который экзистенциально становится обычным смертным. Здесь уместно вспомнить расхожую цитату из комедии Шекспира «Как вам это понравится»: «Весь мир — театр, а люди в нем — актеры» (акт II, сцена 7, монолог Жака). Вступительное стихотворение намечает смысловую канву цикла, а также ретроспективно осмысляет события и характеры прозаической части. С формальной точки зрения обе смыслообразующие отсылки относятся к зоне ответственности абстрактного автора, которого в литературоведческой аналитике иногда любят приравнивать к Пастернаку[51]. В двух стихотворениях «Магдалина» — (23) и (24) — говорит не интенциональное «я», а главный герой, чье имя стоит в названии стихотворения. Более того, стихи с эксплицитно выраженным «я» всегда обращены к другому, будь то «Бог (отец)» в (1) «Гамлет» и (19) «Рассвет» или Христос в только что упомянутых стихах о Магдалине. Это могут быть также друзья или знакомые, как в стихотворении (14) «Август», либо — в других стихотворениях — неопределенное обращение, вероятно к женщине, которую принято ассоциировать с Ларой, если нет очевидных причин для привлечения фактов биографии самого Пастернака[52]. Стихотворение (4) «Белая ночь» нарушает атрибуцию «ты» по отношению к Ларе. Место действия — Петербург. Обращению «ты» присваивается атрибут «родом из Курска», которого нет в прозаической части, а также упоминается Петербург[53], причем не исторический, с «небоскребом» в нем. Художественное воздействие «Белой ночи» я вижу в нарушении автоматизма восприятия цикла, заданного стихотворениями выше. Это нарушение означает, что обращение к женщине — «ты» — нель-

---

[51] О цикле см. [Baird 1962].

[52] См., например, [Лекманов 2004: 251–257].

[53] Петербург в романе не фигурирует как место действия, его название лишь упоминается.

зя однозначно связывать с Ларой[54], а интенциональное «я» — с Живаго как вымышленным автором стихов, если вообще можно верить редким сообщениям рассказчика о биографии Живаго и о Ларе. Поскольку стихотворение «Белая ночь», как и любое другое произведение, можно воспринимать, ничего не зная об условиях его создания, то остается только видеть в нем любовную историю с игрой слов «Ты — на курсах, ты родом из Курска». Как любовное стихотворение оно тематически вписывается в ряд других любовных стихов цикла, но одновременно явно выпадает из хронологического порядка его частей. Поэтому вопрос о его авторе, вымышленном или нет, теряет значение: стихотворение явно показывает условность лирической поэзии и ее восприятия. Если читатель в какой-то момент смог бы увидеть или даже «услышать» поэта Живаго за работой[55], результат — даже вопреки своему возникновению — будет представлять собой некое завершенное целое, а именно — «схематический» образ (согласно Ингардену). Образ конкретизируется только в акте сознания, при этом задать вопрос автору нет возможности. Тот факт, что до конца романа неясно, кто же несет ответственность за него (и за стихотворную часть в особенности), составляет яркую примету стиля «Доктора Живаго», двойной смысл которого в конечном итоге и является темой моей работы[56]. Чтобы закрыть вопрос о диалогических факторах, я хотел бы констатировать, что диалогический принцип одиннадцати «я-стихотворений» (то есть стихотворений от первого лица) вносит свой вклад в вариативность последования. Как уже говорилось выше, этот принцип по сути своей также вариативен, поскольку постоянно меняются адресаты лирического героя. Таким образом составляется особый

[54] В остальном (4) «Белая ночь» — единственное стихотворение, в котором, насколько мы можем судить, наблюдается отклонение в метрической схеме. Строка 2 первой строфы на один слог короче метрической нормы трехсложного анапеста с женскими окончаниями, которая впоследствии появляется в четных строках.

[55] Поэтическое вдохновение Живаго наиболее ярко описано в части 14 «Опять в Варыкине», раздел 8.

[56] Один из критиков считал, «как будто [стихи] принадлежат Пастернаку и кому-то другому одновременно» [Verbin 1958: 102].

порядок, который вписан в сюжетную схему цикла и внутренне скрепляет его, одновременно служа дифференциации внутри этого целого. Только одно стихотворение с эксплицитно выраженным «я» остается без адресата — (21) «Земля». Можно сказать, что формально оно образует переход к другой половине стихов Юрия Живаго, чей дейксис остается непроявленным, и «я» этого стихотворения становится явным только в предпоследней строфе:

На то ведь и *мое* призванье,
Чтоб не скучали расстоянья,
Чтобы за городскою гранью
Земле не тосковать одной (курсив мой. — *У. Ш.*).

Это, несомненно, одно из самых «неясных» стихотворений цикла. По нему можно увидеть, что раскрытие «я» представляет собой лишь момент всего процесса, его внутренней динамики, а эксплицитное «я», появляющееся в конце стихотворения, не меняет принципиально характера дискурса.

Другие тринадцать «Стихотворений Юрия Живаго» являются «нейтральными», то есть в них не проявлено лирическое «я». Тем не менее они также производят впечатление окрашенных присутствием лирического героя, что проявляется многообразно. Прежде всего при помощи яркой субъективности изображения, которая особенно заметна в стихотворениях, где Новый Завет служит претекстом описываемых событий и состояний. И это парадоксально, поскольку в некоторых стихотворениях частично описаны действия третьих лиц, и таким образом в качестве дейксиса выступает «он-говорящий»[57]. Поскольку описанные события известны нам благодаря Библии, субъективное изображение кажется тем более поразительным. Здесь уместно привести наблюдение Кете Хамбургер о процессе конкретизации:

Ведь то, что мы воспринимаем лирическое стихотворение как поле переживаний, и только как поле переживаний субъекта высказывания, связано с тем, что высказывание

---

[57] Ср. (18) «Рождественская звезда», (20) «Чудо», (22) «Дурные дни» и (25) «Гефсиманский сад».

субъекта не направлено на полюс объекта — оно втягивает объект высказывания в сферу переживаний субъекта и трансформирует его [Hamburger 1968: 232][58].

Хамбургер помещает свое наблюдение в рамки «пропозициональной логической» теории относительно художественности и утверждения действительности. Согласно этой теории, лирические тексты являются утверждением действительности вне контекста реальности. Это определение спорно из-за неопределенности понятия действительности и возникающих в связи с этим противоречий. Однако оно схватывает суть проблемы — привязку стихов Юрия Живаго к реальности, описываемой в прозаической части. Стихотворения находятся вне этой реальности, хотя и порождаются ею. Я бы сказал, что у этих текстов возникает собственный «мир». Стихотворения, таким образом, функционируют в рамках замкнутого цикла, их связь с прозаической частью не обусловлена непосредственно изображаемыми ситуациями, если таковые имеются, поэтому, в сущности, нет смысла связывать темы и мотивы стихотворений с изображенным в прозаической части[59]. Цикл может быть отнесен к Живаго как к автору и к его миру в целом, особенно на метауровне. Это факт, который уже упоминался, но со стороны прозы и обозначался нами как прием метаповествования. Так замыкается круг моей аргументации. Тем не менее в прозаическом разделе есть четыре прямых указания на конкретные стихотворения, а именно: предполагаемая «городская» или «московская» тема — (1) «Гамлет», генезис — (13) «Сказка», лейтмотив горящей свечи — (15) «Зимняя ночь» и (18) «Рождественская звезда». Эти стихи, можно сказать, порождены опытом героя. Я рассматриваю

---

[58] Тот факт, что Кете Хамбургер связывает свое высказывание с категориальным разделением пропозициональных субъектов на «я» и «он», фактически не позволяет цитировать ее высказывание здесь. Однако в стихотворениях на библейские сюжеты четко прослеживается, что заданный объект и библейский сюжет «вовлекаются в сферу переживания субъекта и трансформируются».

[59] Другое дело, если бы они были встроены непосредственно в описываемые в прозе ситуации. О проблеме подобных «стихотворных вложений» см. [Hamburger 1968: 228–231].

эти отсылки прежде всего как подтверждение подлинности авторства посмертных стихов Живаго. Примечательно, что эти упоминания обобщаются зимой в Варыкине (часть 14, разделы 8 и 9), то есть в конце изображаемого самим Живаго периода его жизни. Отсылка к «Гамлету», возможно, вводит читателя в заблуждение; из истории создания «Сказки» он узнает, что главный герой, названный в стихотворении «всадником», олицетворяет для Живаго святого Георгия. В зимней идиллии Живаго и Лары внезапно появляются волки: как раз в это время тот писал «Рождественскую звезду» и «Зимнюю ночь». Наконец, существует еще «много других стихотворений близкого рода, впоследствии забытых, затерявшихся и потом никем не найденных», написанных, безусловно, Живаго:

> Волки, о которых он вспоминал весь день, уже не были волками на снегу под луною, но стали темой о волках, стали представлением вражьей силы, поставившей себе целью погубить доктора и Лару или выжить их из Варыкина. Идея этой враждебности, развиваясь, достигла к вечеру такой силы, точно в Шутьме открылись следы допотопного страшилища и в овраге залег чудовищных размеров сказочный, жаждущий докторовой крови и алчущий Лары дракон [IV: 437–438].

Если принять эту интерпретацию за чистую монету, то она способна негативно повлиять на эстетическое восприятие стихотворения «Сказка» именно потому, что помещена в будничный контекст. Но я полагаю, что взаимосвязь в определенной степени забудется, а мифическая подоплека останется. Миф об опасности и о спасении охватывает экзистенциально больше, чем личное счастье Живаго, и не в последнюю очередь благодаря тональности стихотворения, которой его автор уделяет особое внимание, сокращая стихотворный размер до трехстопного[60]. Связь «горя-

---

[60] Святой Георгий — покровитель Москвы. Его изображение также украшает герб Москвы. Кроме того, имя Живаго — Юрий — восходит к имени Георгий. Эти моменты служат отправной точкой для смысловых интерпретаций. См., например, [Bodin 1976: 17].

щей свечи» в прозаическом разделе со стихотворением «Зимняя ночь» подробно обсуждалась выше. Здесь мотив вводится гораздо более искусно, чем в сюжете о святом Георгии, но и он в конце преподносится автором как символ предопределенности любовной связи между Живаго и Ларой. Стихотворение с рефреном «свеча горела» может быть косвенно связано с первым упоминанием о нем как о законченном в период жизни в Варыкине. Однако в роман это стихотворение входит гораздо раньше (часть 3, раздел 10). Таким образом, ситуативно оно идентично «Сказке». Поэтому ситуацию в Варыкине в конечном счете — позже и с оглядкой на лирическую часть — можно рассматривать как метонимию любовных отношений, где присутствует весь их образно-мотивный ряд: предопределение; идиллия между двумя людьми, оторванными от мира; опасность, исходящая извне; природа изображаемого чувства[61]. Здесь я не хочу скрывать скептицизма относительно собственного аргумента, относятся ли эти атрибуции смысла к эстетической конкретизации или же они являются конструктами, правдоподобность которых работает только для конкретного читателя. Как бы то ни было, это стихотворение, на мой взгляд, избегает художественной девальвации и не становится простой иллюстрацией происходящего в прозаической части. Как и другие стихотворения, «Зимняя ночь», являясь самостоятельным текстом[62] и частью цикла, дистанцировано от изображаемого мира, в котором оно зарождается. Упоминание четвертого стихотворения — (18) «Рождественская звезда» — также происходит в контексте жизни в Варыкине. Поскольку в Центральной или Северной Европе Рождество ассоциируется со снегом, стихотворение кажется адаптированным к изображаемому миру зимы в Варыкине. Но тем не менее там изображен другой мир: речь в нем идет о рождественской истории, изложенной в соответствии с Евангелиями от Матфея или Луки.

---

[61] «Свеча горела» — один из первых вариантов названия романа (1946–1947). Это могло бы послужить дополнительному закреплению и усилению мотива свечи и связанного с ним стихотворения. См. [Толстой 2009: 440].

[62] Это стихотворение положено на музыку и стало довольно популярным, особенно в исполнении Аллы Пугачевой.

Место действия — Святая земля, где мы видим характерные детали пейзажа и героев: верблюдов, ослов, пастухов и восточных мудрецов. Однако этот пейзаж тут же меняется на другой: ветер степи, снег, деревенское кладбище с огороженными могилами и т. д. Остраненность рождественского сюжета явно выступает в этом тексте на первый план, и в этом — его притягательная сила.

На первый взгляд кажется, что в «Рождественской звезде» нет внутренней связи с миром прозаического отрывка — той конструкции, которая явственна в стихотворении «Зимняя ночь». В научно-исследовательской литературе при поиске мотивных якорей стихотворения «Рождественская звезда» в прозаическом разделе обыкновенно упоминается абзац, непосредственно предшествующий рассмотренному отрывку о свече, а также фразе «свеча горела» (часть 3. «Елка у Свентицких», конец раздела 10):

> Вдруг Юра подумал, что Блок — это явление Рождества во всех областях русской жизни, в северном городском быту и в новейшей литературе, под звездным небом современной улицы и вокруг зажженной елки в гостиной нынешнего века. Он подумал, что никакой статьи о Блоке не надо, а просто надо написать[63] русское поклонение волхвов, как у голландцев, с морозом, волками и темным еловым лесом [IV: 82].

Очевидно, что здесь Живаго «рисует», или «пишет», именно тот образ, который, согласно этой установке, должен выразить русский поэт Александр Блок. Проще говоря, он *описывает* предположительно вымышленную картину, в которой видны все упомянутые объекты. Так, например, следующая причудливая формулировка может быть понята как визуализация живописной перспективы:

> И ослики в сбруе, один малорослей
> Другого, шажками спускались с горы.

---

[63] Используемая здесь лексема «(на)писать» многозначна: собственно «писать» и «рисовать».

Здесь рассказчик, похоже, идет по ложному пути. Помимо загадочного приравнивания Блока к «русскому Рождеству» Юрием Живаго, встает вопрос атрибуции «голландцев». В стихотворении святое семейство находит убежище в расщелине или пещере, а не в доме (хлеву). Очевидно, что здесь идет речь об иконографической традиции, отличной от западной[64], хотя во всем остальном изображение вписывается в западную традицию, начатую эпохой Возрождения, переносить рождественский сюжет, особенно поклонение пастухов и царей, в современный мир. Соответственно, поиск претекста лишается смысла[65]. В остальном смешение изображаемых элементов, равно как и лирический сюжет стихотворения — буквально *написание* пейзажа, создает двойную остраненность, которая четко отделяет лирику от прозаической части. С одной стороны, можно подумать, что в «Рождественской звезде» ослаблена, если не вовсе устранена, параллель между Живаго и Христом. С другой стороны, включение рождественского сюжета в современную действительность может быть понято как содержательная аналогия и косвенное указание на функцию христианских мотивов в общей структуре романа. Связь стихов и прозы позволяет утверждать, что стихи были написаны именно Юрием Живаго и что в этом случае возможно решить загадку соотнесения Блока и «Рождества во всех областях русской жизни». Это метафора Юрия Живаго, позволяющая ему отложить *ad acta*[66] свое намерение (высказанное несколькими абзацами ранее) написать статью о Блоке для студенческого журнала, редактором которого был его друг Миша Гордон, ведь «Блоком бредила вся молодежь обеих столиц, и они с Мишею больше других» [IV: 80]. Связь Блока с Рождеством, вероятно, отсылает к стихотворению «Рождество» (1906), аллю-

---

[64] Ср., например, миниатюру X в. «Рождество Христа» из Менологиона (Минология) Василия II. На многих других западных изображениях ясли примыкают к жилищу. Ср. также [Hartmann 1996].

[65] Дэви [Davie 1965: 120] ссылается на итальянские картины XV века, а именно — на работы Доменико Гирландайо, который несколько раз писал сюжет «Поклонение волхвов», следуя в целом западной традиции.

[66] В архив (лат.). — *Прим. перев.*

зии на которое при желании можно обнаружить в «Рождественской звезде»[67]. Несмотря на то что стихотворение «Рождественская звезда» упоминается в прозаическом разделе, его пример убедительно указывает на проблематичность поиска прямых соответствий между отдельными стихотворениями и прозой романа. Дональд Дэви, которого я неоднократно цитировал, в середине 1960-х годов перевел «Стихотворения Юрия Живаго» на английский, а в объемном комментарии к переводу выступил как трудолюбивый сторонник поиска таких соответствий. Если эти соответствия понимать правильно, они будут иметь определенную доказательную ценность. Чтобы ее определить, я в качестве примера приведу его комментарии к стихотворению (3) «На Страстной».

По мнению Дэви, истоки этого стихотворения следует искать в первых пяти разделах части 10 «На большой дороге»: строфы 3 и 4 отсылают к отрывку из второго раздела [Davie 1965: 55–59]:

> В час седьмый по церковному, а по общему часоисчислению в час ночи, от самого грузного, чуть шевельнувшегося колокола у Воздвиженья отделилась и поплыла, смешиваясь с темною влагой дождя, волна тихого, темного и сладкого гудения. Она оттолкнулась от колокола, как отрывается от берега и тонет, и растворяется в реке отмытая половодьем земляная глыба.
> Это была ночь на Великий четверг, день Двенадцати Евангелий. В глубине за сетчатою пеленою дождя двинулись и поплыли еле различимые огоньки и озаренные ими лбы, носы, лица. Говеющие прошли к утрене [IV: 307].

С этим отрывком соотносятся следующие строфы:

> Еще земля голым-гола,
> И ей ночами не в чем
> Раскачивать колокола
> И вторить с воли певчим.

И со Страстного четверга
Вплоть до Страстной субботы
Вода буравит берега
И вьет водовороты.

Соответствие, по сути, заключается в похожем настроении, создаваемом временным периодом, реалиями и связанными с ними действиями. Хотя между прозой и поэзией, несомненно, существует вариативность изображения, это в целом не мешает узнаванию.

Однако дальнейшее соответствие, заявленное Дэви в «топографии города» с указанием на строфу 8, можно увидеть только в том случае, если намеренно поставить себе эту задачу. В лучшем случае соответствие лишь приблизительно. Так, в стихотворении говорится: «И видят свет у царских врат...», а в части 10 раздела 2: *«Вратную икону* на *арке входа* полувенком обрамляла надпись золотом...» (курсив мой. — *У. Ш.*). Гелла Гаумниц решительно возражает против интерпретации Дэви, утверждая, что «христианская символика стихотворения» указывает на «сферу Веденяпина и Симы Тунцевой» [Gaumnitz 1969: 44]. Это утверждение очевидно, но оно слишком общо, как и другие соответствия, отмеченные Гаумниц. Однако можно сказать, что приведенный пример скорее аккумулирует абстрактную христианскую образность, пронизывающую «Стихотворения Юрия Живаго», чем связывает текст «На Страстной» с конкретным местом в романе.

Я не собираюсь сейчас подробно обсуждать другие находки Дэви. В основном они подобны тому случаю, о котором шла речь выше, то есть иногда более, иногда менее убедительны. Дэви обладает бесспорной способностью обнаруживать настроения, которые могут быть связаны с ситуациями или фразами прозаического и поэтического разделов, улавливая таким образом нечто существенное в романе — по выражению английской писательницы Вирджинии Вулф, *moments of being*[68]. В хаосе и нагроможде-

---

[68] «Моменты бытия» — так называется сборник автобиографических эссе В. Вулф, посмертно опубликованный в 1976 году.

нии прозы такие «моменты» теряются, и только в тексте лирических стихотворений они четко проявлены как эстетические опорные точки. Все эти соответствия без прямой генетической связи между стихотворением и прозаической частью я рассматриваю под особым углом — сообразно с их функцией в романе. Они, безусловно, важны для обсуждения одного из главных вопросов, имплицитно поднятых в тексте, — о характере искусства внутри жизненного мира, а в более узком смысле — поэзии. Работу Пастернака в двух разных жанровых формах можно воспринимать как функционализацию метаповествования. Об этом и пойдет речь в последнем разделе.

Этот раздел я не хотел бы закончить, не сделав несколько замечаний об особенностях языка стихотворений Юрия Живаго. Для изображения мира в стихотворениях использованы традиционные тропы и фигуры: метафоры, метонимии, символы — предсказуемо в гораздо большем объеме, чем в прозаической части. В прозе на первый план выступает особое изображение природы, как уже обсуждалось в главе 3. Усложненная образность стихов Пастернака 1920-х годов, которую критиковал Горький, проявляется в «Стихотворениях Юрия Живаго» лишь эпизодически. Например, в стихотворении (6) «Объяснение»:

> Женщины в дешевом затрапезе
> Так же ночью топчут башмаки.
> *Их потом на кровельном железе*
> *Так же распинают чердаки* (курсив мой. — *У. Ш.*).

Можем предположить, что здесь речь идет об эмпатии в изображении женщин, но, возможно, и о проституции.

А строки в стихотворении (21) «Земля» более конкретны (последняя строфа, стихи 5–6): «Чтоб тайная струя страданья // Согрела холод бытия». Эти стихи посвящены сообществу друзей и, можно сказать, общности исторической судьбы. Здесь описывается выстроенная оппозиция сходных потенциальных эмоциональных значений — «страданье vs холод», после чего «страданье» оказывается позитивным. Сюда же вписывается и вышеупомянутая интерпретация на уровне христианской образности: воссозданное в стихотворении является параллелью к событиям Тайной вечери. В основе образа лежит метафора, возникающая из предикативности. В стихотворном цикле такой способ образования метафоры используется особенно часто. Приведу некоторые примеры:

(1) «Гамлет» — «На меня наставлен сумрак ночи».

(2) «Март» — «Чахнет снег и болен малокровьем»; «И здоровьем пышут зубья вил».

(3) «На Страстной» — «И если бы земля могла, / Она бы Пасху проспала»; «Деревья смотрят нагишом / В церковные решетки».

(4) «Белая ночь» — «Фонари, точно бабочки газовые, / Утро тронуло первою дрожью»; «И деревья, как призраки, белые / Высыпают толпой на дорогу».

(5) «Весенняя распутица» — «Огни заката догорали. / Распутицей в бору глухом».

(6) «Объяснение» — «Как его тогда к стене Манежа / Вечер смерти наспех пригвоздил»; «Но как ни сковывает ночь / Меня кольцом тоскливым».

(7) «Лето в городе» — «А на улице жаркая / Ночь сулит непогоду»; «Утро знойное снова / Сушит лужи бульварные»; «Смотрят хмуро по случаю / Неотцветшие липы».

(8) «Ветер» — «И ветер, жалуясь и плача, / Раскачивает лес и дачу»; «А чтоб в тоске найти слова / Тебе для песни колыбельной».

(10) «Бабье лето» — «Лес забрасывает, как насмешник, / Этот шум на обрывистый склон...»; «Когда все пред тобой сожжено, / И осенняя белая копоть / Паутиною тянет в окно».

(19) «Рассвет» — «В воротах вьюга вяжет сеть / Из густо падающих хлопьев...».

(20) «Чудо» — «И в горечи, спорившей с горечью моря»[69].

(21) «Земля» — «И улица запанибрата / С оконницей подслеповатой, / И белой ночи и закату / Не разминуться у реки»;

---

[69] Здесь обыгрываются два значения слова «горечь» — абстрактное и конкретное.

«С капелью говорит апрель» (отмечу, что в этом стихотворении использованы в основном предикатные метафоры).

(23) «Магдалина I» — «Меня бы вечность не ждала».

(25) «Гефсиманский сад» — «Седые серебристые маслины / Пытались вдаль по воздуху шагнуть»[70].

Понять предикативные метафоры довольно просто, но при условии, что актанты не зашифрованы дополнительно, как в первых двух упомянутых случаях или во втором примере из стихотворения (6) «Объяснение»: «Как его тогда к стене Манежа / Вечер смерти наспех пригвоздил». Эффект остранения основан на антропоморфизации, характерной для изображения природы еще со времен романтизма. Как уже упоминалось, предикативные метафоры также типичны для изображения природы в прозаическом разделе.

Обращает на себя внимание отсутствие предикативных метафор в стихотворениях с (11) по (18). Эти произведения создают иной взгляд на изображаемый мир. (11) «Свадьба» придерживается балладной формы: стихотворный размер, строфическая структура и быстрый ритм, вероятно, несовместимы с предикативной метафорой. Стихи с (12) по (17), предположительно, касаются «встречи с Ларой» [Müller 1963: 9]. Я полагаю, возникновение данной интерпретации связано с тем, что эти стихи проще всего связать с происходящим в Варыкине и объединить их указанным прозаическим сюжетом (тем более что в цикле уже есть серия стихотворений о любви, это (4) и с (6) по (9); вероятно, предпочтительнее было бы зачесть их автору-Пастернаку, а не автору-Живаго). Но я вижу в этом соположении лишь дальнейшее указание на основной мотивообразующий характер связи между прозаической и стихотворной частями. Цикл разными путями выстраивает и развивает собственную логику.

Помимо предикативных метафор, есть ряд сравнений, построенных аналогичным образом. Их остраненность не кажется столь

---

[70] Вся строфа 2 стихотворения является метонимичной, в ней субъективное восприятие интенционального «я» задается как характеристика объекта.

поразительной — она более явная. Примечательно, что почти в каждом стихотворении присутствует только одно сравнение:

(2) «Март» — «Как у дюжей скотницы работа, / Дело у весны кипит в руках».

(5) «Весенняя распутица» — «Как гулкий колокол набата / Неистовствовал соловей».

(12) «Осень» — «Ты так же сбрасываешь платье, / Как роща сбрасывает листья».

(14) «Август» — «В имбирно-красный лес кладбищенский, / Горевший, как печатный пряник».

(25) «Гефсиманский сад» — «И, как сплавляют по реке плоты, / Ко мне на суд, как баржи каравана, / Столетья поплывут из темноты».

Встречаются также номинативные сравнения и атрибутивные метафоры.

Номинативные сравнения:
(4) «Белая ночь» — «Фонари, точно бабочки газовые».
(10) «Бабье лето» — «Лес забрасывает, как насмешник».
(11) «Свадьба» — «Вихрем сизых пятен / Стаей голуби неслись».

Атрибутивные метафоры:
(10) «Бабье лето» — «И лоскутницы осени жалко».
(18) «Рождественская звезда» — «Застенчивей плошки».
(21) «Земля» — «С оконницей подслеповатой».

Приведенный обзор метафор дает представление об изображении мира в стихах Юрия Живаго. Как мы знаем, лирика условна. Стиль Пастернака особенно проявляется в предпочтении смежности при образовании фигур иносказательной речи для создания эффекта остранения изображаемого мира. Мастерство Пастернака-лирика, переданное им Живаго, двусмысленно: оно становится частью проблемы конкретизации романа и оказывает воздействие лишь в той мере, в какой Пастернак как поэт присутствует в сознании читателя.

Западноевропейские читатели, как правило, мало знали о стихах Б. Пастернака. А социология чтения показывает, что число читающих поэзию не совпадает с количеством тех, кто читает романы (эти числа несопоставимы даже отдаленно). Поэтому отражение Пастернака-поэта в его персонаже Живаго остается академической проблемой, которую необходимо учитывать при литературоведческом обсуждении контекстов всех частей романа.

В заключение остается сказать, что каждое стихотворение создает собственный мир, в изображении которого задействованы все художественные средства. Их раздробленную функционализацию можно воспринимать как своеобразную партитуру[71], где каждый из инструментов обладает собственным голосом, звучащим в своем диапазоне. Некоторые инструменты используются поэтом многократно, но по-разному сочетаются с другими.

В отличие от стихов, в повествовательной прозе подобной комбинаторики нет, даже если она представлена короткими эпизодами, такими как разделы прозаической части. Ее партитура, если продолжать аналогию с музыкой, выглядела бы совершенно иначе. Однако общее у прозаической и стихотворной частей — то, что каждая из них соотнесена с целым, рамки которого определяются границами прозаического раздела или отдельными стихотворениями. Однако стихотворения функционируют в более широких рамках, что влияет на восприятие художественного мира цикла. Этот мир более абстрактен, поскольку его уточнение предполагает сперва конкретизацию отдельных текстов. Третья функциональная рамка — роман в целом, то есть еще большая абстракция. Это важно непременно отметить, поскольку такие абстракции позволяют нам предположительно в лучшем случае ощутить «красоту смысла», то есть понимание

---

[71] Приведенные выше перечни средств художественной выразительности как раз представляют собой попытку обозначить задействованные «инструменты» и (если не отходить от метафоры) уловить их «вокальную» вариативность в определенной последовательности. Идея описания конкретного текста как «партитуры» бинарных оппозиций была разработана Харальдом Вайнрихом в период наивысшего расцвета лингвистики текста [Weinrich 1972].

взаимосвязей, но не осмысленность взаимодействия отдельных компонентов, а именно — «полифонию».

Гелла Гаумниц в предварительных набросках к своей работе о стихах доктора Живаго уже затрагивала эту проблему. Она исходит из предпосылки предполагаемой близости романа к биографии его автора, сознательно или бессознательно зашифрованной под автобиографию[72]:

> Таким образом, роман можно понимать как автобиографию, отделенную от Пастернака как личности. Первый этап остранения обозначает прозу как объективную повествовательную форму без рассказчика на переднем плане. Вторую ступень остранения образуют стихи, которые рождаются повествуемой жизнью и встраивают индивидуальное в круг общеизвестного [Gaumnitz 1969: 2].

Такое упрощение порождает ложные смыслы — не только из-за роковой «автобиографии», но и из-за недостаточного рассмотрения функции отдельных стихотворений. Но подход Гаумниц все же учитывает понятие *остранения*, так что важная связь между прозаическим и стихотворным разделами с точки зрения процесса абстрагирования автора или героя в конечном счете может быть постигнута.

Проза, стихи и функциональная целостность романа

Целостность романа как сочетание двух противоположных форм речи можно рассматривать (как отмечалось выше) в терминах метафикциональной функции. В идеале в нее могут быть интегрированы те характеристики, которые я уже называл в ходе обсуждения и которые определяют стихотворный и прозаический раздел с точки зрения эксплицитных связей, мотивов,

---

[72] К сожалению, это распространенное заблуждение. Конечно, автор может писать только о том, что он знает, однако определение искусства или его непосредственного воздействия заключается не в том, чтобы отслеживать только объективные обстоятельства и факты личной жизни или опыта автора.

идентифицируемых параллелей, жанровых особенностей, особых форм и т. д. Я не могу сейчас вдаваться в детали этих характеристик; они разработаны мной дифференцированно и поэтому остаются на втором плане — в лучшем случае их эксплицитность следовало бы рассматривать на уровне обобщения.

Поскольку канва романа определяется противопоставлением прозаической и стихотворной речи, остается открытым вопрос: может ли противопоставление быть художественно ценным как таковое, без отношения к метаповествованию? В формо-функциональной структуре литературного произведения метаповествование могло бы само по себе рассматриваться как форма. Подобная художественная ценность предполагается, например, в постулированной Бодином активной модели поведения героя [Bodin 1976]. Эта модель обнаруживается прежде всего в стихотворном цикле, особенно в произведениях с христианской тематикой. С учетом предложенной параллели «Живаго — Христос» активная модель поведения может рассматриваться как противоположность *пассивным* действиям Живаго. Однако более фундаментальным и очевидным мне видится противопоставление между недифференцированной хаотичностью прозаической части и дифференцированным порядком всего стихотворного цикла и каждого из отдельных стихов. Воздействие прозаической части обусловлено отсутствием казуальности изображаемого мира, а также немотивированной стилистической вариативностью, отсутствием мотивации у большинства героев и расплывчатостью фигуры рассказчика. В прозе «Доктора Живаго» преобладает определенная небрежность, которая с точки зрения эстетики могла бы быть названа «примитивным искусством»: это буквально написано так, «будто пишешь письмо». Однако Пастернак использует эту небрежность вполне осознанно, противопоставляя ей намеренную художественную усложненность стихотворного цикла.

Здесь я хотел бы еще раз обратиться к высказыванию Пастернака о его поэзии. Поэзия дается ему легко в художественном отношении, при этом к искусству поэзии он относится с недоверием. Иначе говоря, поэзии не место в центре того, что, согласно определенной идеологеме, им самим обозначено как «жизнь». Это «постыдное стихописание» не может быть выражением идеи «безусловного» (по Соловьеву).

Однако с романом все обстоит наоборот. Даже если воспринимать высказывание Пастернака всерьез и не видеть в нем завуалированной иронии, следует отметить, что роман, его самое большое произведение, все же увенчан циклом стихотворений, и только так он становится завершенным. То, что Ингарден называет «полифонией литературного произведения», предполагает наличие единого целого, «эстетического объекта», который становится видимым при конкретизации лежащего в его основе лингвистического образа [Ingarden 1972: 395–399]. При взаимодействии обеих частей, прозаической и стихотворной, возникает нечто третье, трудно конкретизируемое и, следовательно, трудноуловимое. Парадоксально, что, хотя в романе присутствуют многообразные связи, вплоть до примеров метаповествования, в нем все же нет правдоподобного единого признака, который увязал бы разные части и придал бы целому позитивный смысл.

Вспоминается, что Рольф-Дитрих Кайль в своей рецензии на «Доктора Живаго» назвал роман «символом». Примерно тридцать лет спустя Андрей Вознесенский сравнил прозу с яблоней, а стихи — с яблоками, которые и составляют смысл жизни яблони. Наконец, Гелла Гаумниц ставит вопрос «о мощи... которая сохраняет силу лишь на время и которую сам Живаго больше не чувствовал» [Gaumnitz 1969: 9], и отвечает на него с помощью толкования высказываний раннего Пастернака о символе и бессмертии. Топос «бессмертия» художника в своих произведениях Гаумниц на примере Пастернака формулирует следующим образом:

> ...Пастернак понимает искусство как символическое по своей сути, подобно тому, как говорят о символизме алгебры. Всевременну́ю доступность переживания счастья бытия, отраженную в произведениях великих художников, Пастернак пытается увязать с рассуждениями Канта и обосновать веру в бессмертие, которую призвана подтвердить и показать развязка его романа [Ibid.: 11].

Более того, Гаумниц без сомнений проводит прямую линию от авторских намерений к их реализации. При этом она упускает из виду неоднократно выраженную зрелым Пастернаком неприязнь по отношению к своему раннему творчеству, оборотной стороной чего стал решительный отход писателя к нарративной прозе, которой он стал чуть ли не одержим. На мой взгляд, эти апории можно преодолеть лишь в том случае, если в достаточной степени абстрагировать от романа их основополагающие факты.

В заключение я вновь обращусь к вопросу жанров, каждый из которых как образец работы традиции, по-видимому, приобрел некое «обобщенное значение», которое может быть использовано и по отношению к областям функционирования художественной литературы. Такие области определены формально, но меняются с течением времени. В нашем случае мы имеем дело с двумя основными родами литературы — эпосом и лирикой. Используемые формы речи — «прозаическая речь vs стихотворная», играющие важную роль для романа в целом, — специфичны для значимых в нем жанров, а именно: романа и стихов. В русской литературе стихотворение по-прежнему привязано к поэтической речи, где доминируют строфа, размер и рифма.

Как говорилось вначале, выдающийся поэт Борис Пастернак собирался непременно написать «роман в прозе», чтобы описать свою *жизнь*, или взгляды на *жизнь*. Это желание проходит через все его высказывания. И это не удивительно, ведь по крайней мере с середины XIX века, особенно в эпоху реализма, именно *жизнь* играла важную роль в становлении романа как основного прозаического текста и его восхождении к высотам ведущего жанра литературы. Для охвата *жизни* во всей ее полноте (во времени, в пространстве, действующих лицах и т. д.) лирика как род литературы не подходит в силу разных причин — и дело не только в объеме текста. У поэзии другое «обобщенное значение».

Рассмотрение теории поэзии, с одной стороны, показывает особую природу лирики, с другой — особую трудность теоретического постижения ее основных характеристик. В известном исследовании по поэтике Эмиль Штайгер приходит к выводу, что наше состояние на сегодняшний день — это и есть способ бытия человека и природы в лирической поэзии [Staiger 1972: 46]. Отсюда вытекает особая субъективность лирической концепции мира. В качестве аргумента Штайгер приводит лирическую поэзию немецких романтиков, которую считает особенно характерной.

В уже процитированной «Структуре современной лирики» Гуго Фридриха нет места штайгеровской внутренней жизни. Однако негативные описательные категории Фридриха вокруг понятия «диссонанс» не позволяют распознать, в чем именно заключается положительная степень конкретизируемого эстетического объекта [Фридрих 2010: 17–18 и далее]. Объектом его исследований являются стихи французских модернистов: Бодлера, Рембо и Малларме, которым Фридрих дает яркие характеристики:

> Действительность, расколотая и разорванная мощью ее фантазии, простирается в стихотворении как покинутое поле битвы. Над ним — искомая нереальность. Но в нереальностях, в обломках — потенциальная тайна, заставляющая поэтов слагать стихи [Там же: 263].

Если посмотреть трезвым взглядом, то Фридрих пишет о том, что поэзия есть обращение к реальности, закодированное посредством индивидуального или даже идиосинкразического использования языка.

В концепции Кете Хамбургер, как уже говорилось выше, также присутствует реальность. По ее мнению, критерий речи заключается в субъективности «лирического субъекта высказывания», который «превращает объективную реальность в субъективное переживание реальности» [Hamburger 1968: 227]. Поэтическая часть — «Стихотворения Юрия Живаго» — показывает, однако, что разделение между «я-стихотворением» и «он-стихотворением», которое следует из подхода Хамбургер, нельзя понимать категориально, не вступая в противоречие с лингвистической интуицией.

В другой теории лирики Дитер Лампинг называет три критерия лирического стихотворения: это монологическая речь, противоположная (прежде всего) диалогической речи; абсолютная речь в противоположность ситуативной речи; структурно простая речь в противоположность структурно сложной речи [Lamping 2000: 63]. Критерий принципиально «монологической речи» отводит лирике «я/он»-говорящего явно второстепенное место. Однако особенно заметна в стихах Юрия Живаго «абсолютность» речи (см. второй критерий), ее ситуативная абстрактность, ибо, когда стихи оказываются простым описанием изображенного в прозаической части, можно сказать, они теряют в своей художественной силе[73]. Наконец, третий критерий — «структурно простая речь» — звучит почти абсурдно, учитывая стихотворную форму, распространенную в русской литературе, а также демонстративную сложность стихов Живаго.

Но Лампинг понимает структурную простоту как следствие монологического характера речи, то есть отсутствия разнообразных контекстов и авторов[74]. То, что я называю «искусностью» или «сложностью», описывает как «эстетическую усложненность» лирического стихотворения и с точки зрения «поэтических привилегий», используемых, в частности, в семантически затрудненной поэзии модернизма [Lamping 2000: 69ff]. Теория Лампинга учитывает широкий диапазон западноевропейской традиции, особенно — ее развитие с начала эпохи модернизма. Хотя в центре его исследования была немецкая поэзия, несомненно, что его построения применимы и к русской лирике. Но русская лирическая поэзия, в отличие от немецкой поэзии XX века, представляется читателю более условной; именно поэтому я считаю русские стихи, пользуясь выражением Лампинга, не только потенциально более сложными, но и оказывающими на читателя особое воздействие благодаря более строгим и обязательным формальным

---

[73] Абсолютность соответствует постулату Хамбургер о том, что поэзия выражает себя «вне контекста реальности».

[74] По крайней мере, последнее стихотворение цикла — (25) «Гефсиманский сад» — не вписывается в эту концепцию. Здесь говорит сам Христос — это его, если можно так сказать, «последнее слово». Таким образом, стихотворение sensu stricto не лирическое, но благодаря этому приему оно обоснованно гармонирует с ролевой игрой, начатой в (1) «Гамлете».

приемам. Этот фактор воздействия только усиливает традиционно присущие лирической поэзии по сравнению с прозой речевые формы: поэзия — это прежде всего художественно оформленная речь. В то же время поэзия имеет больше отношения к искусству, чем к повседневности, тогда как проза представляет собой изоморфное выражение повседневности, поскольку в ней, в отличие от стихов, отражается повседневная речь.

Не случайно в русском литературоведении, когда речь идет об определении поэзии, основной упор делается на ее лингвистических формах и противопоставлении прозе, которая зиждется не только на предполагаемой «декоративности» стиха. Так, по мнению Юрия Лотмана, идея категориальной специфики стихотворной речи обусловлена исторически. Он постулирует типологическую лестницу «от простого к сложному» со следующими ступенями: «разговорный язык — песня (текст + мотив) — классическая поэзия — художественная проза» [Лотман 1972: 23]. Художественная проза, таким образом, появляется после оформления поэзии:

> Проза в современном значении слова возникает в русской литературе с Пушкина. Она соединяет одновременно представление об искусстве высоком и о не-поэзии. За этим стоит эстетика «жизни действительной» с ее убеждением, что источник поэзии — реальность. Таким образом, *эстетическое восприятие прозы оказалось возможным лишь на фоне поэтической культуры* [Там же: 26] (курсив в оригинале. — *У. Ш.*).

Несмотря на то что Лотман говорит о зарождении художественной прозы, идея исторически сложившейся роли поэзии как, собственно, словесного искусства и высшей формы его выражения заслуживает внимания. Если перефразировать высказывание Лотмана, можно сказать, что стихи обладают значимостью как «искусство высокое и поэзия»[75]. Подход русских фор-

---

[75] На мой взгляд, под «поэзией» следует понимать сумму характеристик, упомянутых Лампингом по отношению к лирическому стихотворению.

малистов и структуралистов, рассматривающий стихи не только как «орнамент», но и прежде всего как особым образом устроенную речь, представляет собой важный аргумент в теории лирики Ренаты Гоманн, в частности в ее концепции различия прозы и поэзии[76]:

> С одной стороны, существуют различия между рифмой, строфой, ритмом стиха и стихотворением в целом, которые — в терминологии дуалистической формы — обычно называют поэтической формой. С другой стороны, существуют различия между предложениями, словами, метафорой, риторикой, ритмом устной и письменной речи, синтаксисом и грамматикой, которые формируют то, что обычно называют «содержание», или «смысл» [Homann 1999: 398].

Исходя из сказанного, Гоманн развивает теорию поэтического творчества как языкового эксперимента, «ситуативно обусловленного авторефлексивного конституирования языка как нового правила», вследствие чего усложняется не только область «апории прозы и поэзии», но и языковая система в целом [Ibid.: 414]. В конечном счете Гоманн строит свою теорию на основе кантовской концепции *Heautonomie*[77], своего рода «эстетической свободы», социально- или научно-политической. Сейчас мы не будем останавливаться на последствиях социальной теории Гоманн, которую она активно защищает. Я также не хочу поднимать вопрос о применимости ее сложных идей, но считаю подход Р. Гоманн достойным рассмотрения в контексте моей аргументации. Это подход к системному пониманию литературы как искусства с точки зрения поэзии, хотя с прагматической точки зрения в литературном процессе долгое время доминирует проза. При столь сильном абстрагировании от поэзии появляется мысль, что

---

[76] Помимо Лотмана, она также цитирует идеи Тынянова, в частности о прозаических двойниках поэтических слов [Homann 1999: 402].

[77] Перспектива придания законов самому себе субъектом. См.: Ленк Х. Был ли Кант сторонником методологического интерпретационизма? // Эпистемология & философия науки. 2008. XVIII. № 4. С. 16–31. — *Прим. перев.*

противопоставление стихов и прозы в «Докторе Живаго» приобретает особый смысл. На этом уровне абстракции лирические стихи Юрия Живаго означают просто «искусство», и в них тематизируется «искусство» как таковое — вне зависимости от конкретных тем и мотивов или созданного ими мира. То, что проза имеет тенденцию описывать *жизнь* и более приспособлена для этого, — консенсус, принятый лишь с гегелевских времен [Ibid.: 408]. В прозаической части «Доктора Живаго» *жизнь* представлена не только разнообразными мотивами, но и лингвистическими формами того уровня, который уже не соответствует традициям реалистической прозы[78]. Поэтому я ввел понятие «хаотичности», которое наблюдается на всех уровнях прозаической части романа как характеристика его лингвистических форм. Посредством «хаотичности» изображается *жизнь* в ее многообразии случайных явлений и неупорядоченных форм; таким образом *жизнь* разительно контрастирует с *искусством*, которое основано на строгом «порядке». (Хотя в то же время искусство остается свободным в использовании выразительных возможностей, о чем свидетельствует вариативность стихов.) «Проза vs поэзия в стихах» (если воспользоваться терминологической спецификацией Гоманн) образуют контраст, который в романе функционирует как оппозиция «жизнь vs искусство». Благодаря многообразным связям между прозаическим и поэтическим разделами, в романе появляется соотношение между жизнью *и* искусством. В разговорах Пастернак неоднократно «разглашал тайну» о том, что свою прозу он писал по стихам, то есть изначально для «Доктора Живаго» были написаны именно стихи [Nilsson 1959; Пастернак 2017]. Это, кстати, вполне созвучно его творческому пути. Но, хотя Пастернак начинает как поэт и заканчивает как романист, его главное произведение рождается точно в обратном направлении. Может показаться, что «Стихотворения Юрия Живаго» лежат в основе композиции романа. Однако динамика «Доктора Живаго» как целого, выражающаяся, например, в изображении

---

[78] Речь идет об изображении, которое остается непонятным как в рамках реализма, так и в его идеологическом возрождении в соцреализме.

того, как Живаго пишет стихи, или в случае предзаданности той жизни, которую он проживает с ними, приводит читателя именно к стихам, а не наоборот. Людольф Мюллер в своей ранней интерпретации романа говорит следующее: «Цикл из двадцати пяти стихотворений Юрия Живаго показывает нам жизнь, изображенную в романе. Показывает еще раз, но теперь — преображенную и переосмысленную — в форме поэзии» [Müller 1963: 7]. Гелла Гаумниц, его ученица, добавляет:

> После прочтения эпилога не только у старых друзей, но и у читателей возникает вопрос о сущности жизни Живаго, о той силе, которая оказывала воздействие и после его смерти и которая продолжает жить в те времена, когда самого Живаго уже нет [Gaumnitz 1969: 9].

Мне хотелось бы принять понятие «сущность» и в завершение конкретизировать его в контексте моих рассуждений о речи в стихах и прозе, то есть в узком смысле — в отношении темы искусства и жизни в романе.

Стихи — это не только сущность жизни Живаго, но и искусство, а согласно расположению и перекличке частей, разработанным в романе на метауровне, — и сущность жизни вообще.

На пророческий вопрос Пастернака о том, что он якобы не знает, что такое искусство или что значит искусство, можно ответить с помощью его же романа. Искусство — сущность жизни. В контексте ситуации 1940-х годов следует добавить: искусство не является отражением жизни. На метауровне эту связь между стихами и прозой, искусством и жизнью устанавливает нечто иррациональное, что можно не только осмыслить в терминах Вл. Соловьева как «преображение» (если воспринимать эту связь именно так), но и понять, что это «преображение» просто. Так оно становится художественной составляющей.

7. Заключение

В своей работе я неоднократно приводил слова Пастернака-автора, в особенности когда эти высказывания касались романа «Доктор Живаго». Для достоверности я решил предоставить слово самому писателю, понимая, однако, что его не стоит воспринимать буквально и считать последней и решающей инстанцией в понимании романа. Я придерживаюсь мнения, что, как подчеркивали русские формалисты, искусство «делается» и с точки зрения эстетики производства не предполагает никакой рациональности. Сам «гетерономный способ бытия» литературного произведения, согласно Ингардену, означает, что физическая структура текста, его «схема», становится независимой от сознания автора в тот самый момент, когда произведение оказывается «сделанным». Затем она вновь и вновь конкретизируется в сознании читателя. Иррациональный момент создания художественного произведения, как и «переживание» искусства реципиентом, также остается закрытым для глубокого анализа, хотя уже с самого начала 1930-х годов эти аспекты моделировались различными способами. Я вернулся к этой теме только сейчас, чтобы объяснить пастернаковскую аукториальность и мое абстрактное ви́дение правильного соотношения стихов и прозы, то есть искусства и жизни, в его романе.

Свои размышления о «Докторе Живаго» я хотел бы завершить кратким анализом того, какое место в конечном итоге можно отвести этому произведению в литературе XX века. В главе 5 я попытался, обсуждая различные традиции, проследить целое с точки зрения восприятия. Оказалось, что «Доктора Живаго» можно рассматривать сквозь призму различных романных стратегий, не найдя при этом ни одной из них до конца выполненной. Кроме того, как я неустанно повторял на страницах этой книги, завершающая поэтическая часть делает роман уникальным.

В 1943 году в Швейцарии был опубликован знаменитый роман Германа Гессе «Игра в бисер. Опыт жизнеописания магистра игры Йозефа Кнехта с приложением оставшихся от него сочинений». Как следует из подзаголовка, в книге есть приложение, которое, однако, содержит не только тринадцать стихотворений, но и три вымышленные биографии. Тем не менее Ганс Майер, как уже говорилось в конце главы 4, видит явную параллель между двумя этими текстами (отметим, что я выше уже отверг его негативный взгляд на «Доктора Живаго» как на «роман о художнике»). Мы не будем сейчас подробно останавливаться на романе Гессе; заметим лишь, что в нем, как и в других романах того времени, используется метаповествование, поэтому структурно он связан с «Доктором Живаго», как роман одной с ним эпохи, но не более того. В частности, метаповествование «Игры в бисер» не может быть осмыслено сквозь оппозицию «стихи vs проза» по той простой причине, что «оставшиеся... сочинения» — это не только стихи.

Все же следует сказать, что роман Пастернака, очевидно, не одинок в сочетании прозы и стихотворных приложений; в этом смысле «Доктор Живаго» уникален только для русского материала. Сравнение выглядит более репрезентативным на другом уровне. Рискуя зайти слишком далеко в обобщениях, я все же отмечу, что вижу среди главных тенденций романа первой половины XX века игру с вымыслом, со структурой текста и с языком. В «Докторе Живаго» эти тенденции видны, с одной стороны, как таковые, а с другой — они прослеживаются в различных эпизодах. Во второй половине XIX века роман стал доминирующим жанром и сформировал некий художественный паттерн; тем, кто родился и выступил как писатель позже, оставалось либо отходить от него, либо volens nolens соизмерять с ним свои усилия. Драматург Александр Гладков, близкий друг Пастернака, с симпатией относившийся как к автору, так и к самому роману, считал, например, что в романе присутствует только псевдорусский мир, «литературно-традиционная Россия» или «Россия вторичного отражения»:

> Все национально-русское в романе как-то искусственно сгущено и почти стилизовано. Иногда мне казалось, что я читаю переводную книгу (особенно в романических местах) — такая уж это литературно-традиционная Россия, Россия вторичного отражения. Так пишут и говорят о России те, кто знает ее не саму по себе, а по Достоевскому или позднему Бунину [Гладков 2002: 222].

«Доктор Живаго» остается экспериментом и задачей для литературоведов, о чем те писали снова и снова, поскольку этот роман как единое целое не поддается эстетическому восприятию. Его можно постичь лишь аналитически. Как экспериментальный роман он вполне вписывается в языковые игры, присущие таким произведениям, как «Поминки по Финнегану» (1923–1939) Джеймса Джойса, или некоторым произведениям «нового романа», например «Между жизнью и смертью» (1968) Натали Саррот (я привожу лишь два полярных примера).

Литература XX века освобождает себя от ограничений и условностей посредством экспериментальных игр. Некоторые критики, в частности Гладков, полагали, что роман Пастернака на первый взгляд кажется неудачной попыткой оставаться в рамках условностей. Однако уже при ближайшем рассмотрении открывается совершенно иная картина. И импульсом к новому постижению романа служит как раз часть 17.

В романе жизнь изображается программно — как случайность и «хаотичность»; стилистически — таким образом, как и должна литературно изображаться жизнь, то есть развернутой прозаической речью. Тема жизни относится к характерной для того времени «философии жизни», которой в основном занимались писатели, но к которой, в свою очередь, также обращались и философы, в частности Анри Бергсон[1].

---

[1] См. [Bollnow 1958: 8], разрозненные цитаты. Часто упоминается концепция Бергсона о «жизненном прорыве» (*elan vital*), изложенная им в «Творческой эволюции» (1907) — пожалуй, наиболее известной его работе, за которую он

Но «Доктор Живаго» — это не только представление и роман о *жизни*. Уже в письмах Пастернака, какими бы эмоциональными и полными внутренних противоречий они ни были, речь идет об *искусстве* в отношении как замысла романа, так и процесса его создания. С одной стороны, это довольно тривиальное мнение, с другой — по отношению к законченному роману это свидетельство, говорящее против явного пренебрежения искусством поэзии Пастернаком — автором писем. Это искусство могло быть реализовано в общем тексте романа как факт, *противоречащий* заявленному Пастернаком намерению.

Программно «безыскусное искусство» прозаической части как однородного изображения жизни сменяется «искусным искусством» лирических стихов. И в этом смысле это выставленное напоказ искусство можно понимать как *сущность самой жизни*.

Пастернак неоднократно говорил о том, что произведение искусства всегда рассказывает прежде всего о своем становлении: «Самое ясное, запоминающееся и важное в искусстве есть его возникновенье, и лучшие произведенья мира, повествуя о наиразличнейшем, на самом деле рассказывают о своем рожденьи» («Охранная грамота» [III: 185]). Развивая эту мысль, можно сказать, что текст «Доктора Живаго» являет собой свое становление, поскольку показывает, как и из чего создается искусство и что оно означает в конечном итоге.

в 1927 году был удостоен Нобелевской премии по литературе. В ней философия *жизни* стала общепризнанным понятием. Ирен Масинг-Делич подробно интерпретировала роман «Доктор Живаго» в соответствии с *elan vital* Бергсона, уделяя особенное внимание расположению персонажей и их развитию [Masing-Delic 1982]. Даже если приведенная интерпретация правдоподобна, она, в отличие от структурных особенностей романа (например, трактовки времени или той непрерывной особенности, которую я назвал «хаотичностью»), остается «эзотерической», то есть неэффективной, поскольку ей не хватает эстетической валентности. Она может быть постигнута только интеллектуально и потому скорее относится к категории писательского эксперимента.

Библиография

I. Первоисточники

Гете 1957 — Гете И. Фауст. Перевод Б. Пастернака. М.: Издательство художественной литературы, 1957.

Пастернак 1954 — Пастернак Б. Стихи из романа в прозе «Доктор Живаго» // Знамя. 1954. № 4.

Пастернак 2003–2005 — Пастернак Б. Л. Полн. собр. соч. с приложениями: в 11 т. / гл. ред. Д. В. Тевекелян. М.: СЛОВО/SLOVO, 2003–2005.

Pasternak 1960 — Pasternak B. Three Letters // Encounter. 1960. Jg. 15. H. 8. P. 3–6.

II. Научно-исследовательская литература

Агапов и др. 1958 — Агапов Б., Лавренев Б., Федин К., Симонов К., Кривицкий А. Б. Л. Пастернаку // Новый мир. 1958. № 11. С. III–XVI.

Беленчиков 1991 — Беленчиков В. Реминисценции теории относительности Эйнштейна в романе Пастернака «Доктор Живаго» // Pasternak-Studien. Beitrege zum Internationaler Pasternak-Kongress 1991 in Marburg. München. 1993. S. 13–24.

Беленчиков 2008 — Беленчиков В. «...мысль ищет общения с людьми». Об искусстве цитации у Пастернака в 1930–1940-е гг. // Cuadernos de Rusística Española. 2008. № 4. С. 93–100.

Берлогин 1958 — Берлогин М. Сон о жизни // Грани. 1958. № 40. С. 98–101.

Вишняк 1958 — Вишняк М. «Доктор Живаго» и его толкователи // Социалистический вестник. (Paris). 1958. № 12. P. 246–247.

Вознесенский 1990 — Вознесенский А. А. Свеча и метель // С разных точек зрения: «Доктор Живаго» Б. Пастернака / сост. Л. В. Бахнов, Л. Б. Воронин. М.: Сов. писатель, 1990. С. 226–232.

Гаспаров 1993 — Гаспаров Б. М. Временной контрапункт как формо-образующий принцип романа Пастернака «Доктор Живаго» // Гаспаров Б. М. Литературные лейтмотивы. Очерки по русской литературе XX века. М.: Наука; Изд. фирма «Восточная лит-ра», 1993. С. 241–273.

Гаспаров 1974 — Гаспаров М. Л. Современный русский стих: метрика и ритмика. М.: Наука, 1974.

Гегель 1971 — Гегель Г. В. Ф. Эстетика: в 4 т. / под. ред. Мих. Лифшица. Т. 3. М.: Искусство, 1971. С. 474–475.

Гладков 1973 — Гладков А. Встречи с Пастернаком. Paris: YMCA-press, 1973.

Горький 2014 — Горький М. Полн. собр. соч. Письма: в 24 т. Т. 17. М.: Наука, 2014.

Григорьев 1960 — Григорьев Д. Пастернак и Достоевский // Вестник русского студенческого христианского движения (Париж — Нью-Йорк). 1960. № 57. С. 44–51.

Даль 1978–1980 — Даль В. И. Толковый словарь живого великорусского языка: в 4 т. М.: Русский язык, 1978–1980 [Репринт издания: СПб.; М.: Изд. М. О. Вольфа, 1880–1882].

Делез 2001 — Делез Ж. Эмпиризм и субъективность: опыт о человеческой природе по Юму. Критическая философия Канта: учение о способностях. Бергсонизм. Спиноза / пер. с франц. Я. И. Свирского. М.: ПЕРСЭ, 2001.

Женетт 1998 — Женетт Ж. Фигуры / под ред. С. Зенкина. М.: Изд-во им. Сабашниковых, 1998.

Лекманов 2004 — Лекманов О. Ты — на курсах, ты родом из Курска // Вопросы литературы. 2004. № 5. С. 251–257.

Лихачев 1988 — Лихачев Д. С. Размышления над романом Б. Л. Пастернака «Доктор Живаго» // Новый мир. 1988. № 1. С. 5–10.

Лотман 1972 — Лотман Ю. М. Анализ поэтического текста: структура стиха. Пособие для студентов. Л.: Просвещение, Ленингр. отд-ние, 1972.

Моль 2008 — Моль А. Социодинамика культуры / пер. с фр.; предисл. Б. В. Бирюкова. 3-е изд. М.: Изд-во ЛКИ, 2008.

Набоков 2002 — Набоков В. В. Интервью «покладистому анониму» // Набоков о Набокове и прочем: интервью, рецензии, эссе / сост., предисл., коммент. и подбор илл. Н. Г. Мельникова. М.: Изд-во «Независимая газета», 2002. С. 345–347.

Пастернак 1997 — Пастернак Е. Б. Борис Пастернак: Биография. М.: Цитадель, 1997.

Пастернак 2017 — Пастернак Е. В. Значение автобиографического момента в романе «Доктор Живаго» // Вестник Русской христианской гуманитарной академии. 2017. Т. 18. Вып. 1. С. 257–268.

Письма 1990 — Письма читателей «Литературной газеты» 1968 года // С разных точек зрения: «Доктор Живаго» Б. Пастернака / сост. Л. В. Бахнов, Л. Б. Воронин. М.: Сов. писатель, 1990. С. 106–109.

Сирин 1927 — Сирин В. // Руль. Берлин. 11 мая 1927 года.

Словарь 1974 — Словарь литературоведческих терминов / ред.-сост. Л. И. Тимофеев и С. В. Тураев. М.: Просвещение, 1974.

Смирнов 1999 — Смирнов И. П. Роман тайн «Доктор Живаго». М.: Новое литературное обозрение, 1999.

Соловьев 1988 — Соловьев В. С. Соч.: в 2 т. / Общ. ред. и сост. А. В. Гулыги, А. Ф. Лосева; прим. С. Л. Кравца и др. Т. 2. М.: Мысль, 1988.

Соловьев 1989 — Соловьев В. С. Чтения о богочеловечестве // Соч.: в 2 т. / сост., подг. текста и прим. Н. В. Котрелева и Е. Б. Рашковского. Т. 2. М.: Правда, 1989. С. 5–172.

Соловьев 1991 — Соловьев В. С. Лермонтов // Соловьев В. С. Философия искусства и литературная критика / вступ. ст. Р. Гальцевой, И. Роднянской. М.: Искусство, 1991. С. 379–398.

Сологуб 2004 — Сологуб Федор. Мелкий бес / изд. подг. М. М. Павлова. СПб.: Наука, 2004 («Литературные памятники»).

Твардовский и др. 1958 — Твардовский А. Т., Герасимов Е. Н., Голубов С. Н., Дементьев А. Г., Закс Б. Г., Лавренев Б. А., Овечкин В. В., Федин К. А. От редколлегии // Новый мир. 1958. № 11. С. I–II.

Толстой 2009 — Толстой И. Отмытый роман Пастернака: «Доктор Живаго» между КГБ и ЦРУ. М.: Время, 2009.

Томашевский 1996 — Томашевский Б. В. Теория литературы. Поэтика: учеб. пособие / вступ. статья Н. Д. Тамарченко; комм. С. Н. Бройтмана при участии Н. Д. Тамарченко. М.: Аспект Пресс, 1996.

Урнов 1990 — Урнов Д. Безумное превышение своих сил // С разных точек зрения: «Доктор Живаго» Б. Пастернака / сост. Л. В. Бахнов, Л. Б. Воронин. М.: Сов. писатель, 1990. С. 215–225.

Фридрих 2010 — Фридрих Г. Структура современной лирики: от Бодлера до середины двадцатого столетия / пер. с нем. и коммент. Е. В. Головина. М.: Языки славянских культур, 2010.

Чичерин 1975 — Чичерин А. В. Возникновение романа-эпопеи. М.: Сов. писатель, 1975.

Чуковская 1997 — Чуковская Л. К. Записки об Анне Ахматовой: в 3 т. Т. 2. М.: Согласие, 1997.

Энциклопедия 1962–1978 — Краткая литературная энциклопедия: в 9 т. М.: Сов. энциклопедия, 1962–1978.

Якобсон 1987 — Якобсон Р. О. Заметки о прозе поэта Пастернака / пер. с нем. О. А. Седаковой // Якобсон Р. О. Работы по поэтике. М.: Прогресс, 1987. С. 324–338.

Якобсон 1990 — Якобсон Р. О. Два аспекта языка и два типа афатических нарушений // Теория метафоры. М.: Прогресс, 1990. С. 110–132.

Baird 1962 — Baird J. M. Pasternak's Zhivago-Hamlet-Christ // Renascence. 1962. Vol. 14. № 4. P. 179–184.

Barthes 1990 — Barthes R. Die alte Rhetorik // Rhetorik / ed. by J. Kopperschmidt. München, 1990. S. 35–90.

Bayley, Davie 1966 — Bayley J., Davie D. Argument: Dr. Zhivago's Poems // Essays in Criticism: A Quarterly Journal of Literary Criticism. 1966. Vol. XVI. P. 212–219.

Beckelmann 1958 — Beckelmann J. Der Mann, der seine Ruhe suchte. Literarische Anmerkungen nach dem Erscheinen der deutschen Ausgabe des «Doktor Schiwago» // Panorama. Zeitschrift fur Literatur und Kunst. (Munchen). 1958. Vol. XI. S. 5.

Beker 1993 — Beker M. Framing the sign. Illustrated on Boris Pasternak's novel «Doktor Zhivago» // Neohelicon. 1993. Vol. 20. P. 9–19.

Belentschikow 1998 — Belentschikow V. Zur Poetik Boris Pasternaks. Der Berliner Gedichtzyklus 1922–1923. Frankfurt a. M., Berlin, Bern, New York, Paris, Wien: Peter Lang, 1998.

Bergson 1928 — Bergson H. Leib und Seele // Bergson H. Die seelische Energie. Jena: E. Diederichs, 1928. S. 27–54.

Bergson 2012 — Bergson H. Zeit und Freiheit. Hamburg: CEP Europäische Verlagsanstalt, 2012.

Berkenkopf 1958 — Berkenkopf G. Doktor Schiwago — der Lebendige // Humanismus und Technik. 1958/59. Vol. VI. Heft. 2. S. 81–89.

Bienek 1959 — Bienek H. Das also ist es // Frankfurter Hefte. 1959. Vol. XIV. № 1. S. 69–73.

Birnbaum 1976 — Birnbaum H. Doktor Faustus und Doktor Schiwago: Versuch über zwei Zeitromane aus Exilsicht. Pays-Bas: The Peter de Ridder Press, 1976.

Birnbaum 1980 — Birnbaum H. On the Poetry of Prose. Land- and Citiscape «Defamiliarized» in «Doctor Zhivago» // Fiction and Drama in Eastern and Southeastern Europe / ed. by H. Birnbaum, T. Eckman. Bloomington: Slavica Publ. Indiana Univ., 1980.

Blöcker 1962 — Blöcker G. Boris Pasternak: Doktor Schiwago // Blöcker G. Kritisches Lesebuch. Hamburg: Leibniz-Verlag, 1962. S. 317–321.

Bodin 1976 — Bodin P.-A. Nine poems from Doktor Živago: A study of Christian motifs in Boris Pasternak's poetry (Stockholm studies in Russian literature). Stockholm: Almqvist & Wiksell intern., 1976.

Bollnow 1958 — Bollnow O. F. Die Lebensphilosophie. Berlin; Heidelberg; New York: Springer Verlag, 1958.

Burdorf et al. 2007 — Burdorf D. et al. Metzler Lexikon Literatur: Begriffe und Definitionen. Springer-Verlag, 2007.

Conquest 1961 — Conquest R. Courage of Genius: The Pasternak Affair. London: Collins & Harvill, 1961.

Davie 1965 — Davie D. The Poems of Dr. Zhivago / trans. with a comm. by D. Davie. Manchester: Manchester Univ. / Barnes & Noble, 1965.

Deleuze 2007 — Deleuze G. Henri Bergson. Eine Einfuhrung. Hamburg: Junius Verlag Gmbh, 2007.

Döring 1973 — Döring J.-R. Die Lyrik Pasternaks in den Jahren 1928–1934. München: Sagner, 1973.

Dorzweiler S. et al. 1993 — Dorzweiler S. et al. Pasternak-Studien I. Beiträge zum Internationalen Pasternak-Kongress 1991 in Marburg / ed. by S. Dorzweiler et al. München: Otto Sagner, 1993.

Erlich 1959 — Erlich V. The Concept of the Poet in Pasternak // The Slavonic and East European Review. 1959. Vol. 37. № 89. P. 325–335.

Finn, Couvée 2016 — Finn P., Couvée P. Die Affäre Schiwago: Der Kreml, die CIA und der Kampf um ein verbotenes Buch. Stuttgart, Aalen: Theiss, 2016.

Fischer 1998 — Fischer C. Musik und Dichtung: Das musikalische Element in der Lyrik Pasternaks München: Peter Lang GmbH, Internationaler Verlag der Wissenschaften. 1998. (Slavistische Beiträge, Band 359).

Fleig 1958 — Fleig H. Doktor Schiwago // Die Tat. (Zurich). 1958. Vol. 8.

Frank 1958 — Frank V. S. Pasternaks «Doktor Schiwago» // Schweizer Rundschau. Monatsschrift fur Geistesleben und Kultur. 1958/59. Bd. 58. S. 544–546.

Freeborn 1985 — Freeborn R. The Russian Revolutionary Novel. Turgenev to Pasternak. Cambridge Univ. Press, 1985.

Freud 1987 — Freud S. Über den Traum // Freud S. Gesammelte Werke. Band 2/3. Frankfurt a. M., 1987. P. 643–700.

Gaumnitz 1969 — Gaumnitz H. Die Gedichte des Doktor Živago. Dissertation zur Erlangung des Doktorgrades der Philosophischen Fakultät der Eberhard-Karls-Universität zu Tübingen. Tübingen, 1969.

Gehlen 1966 — Gehlen A. Der Mensch: Seine Natur und seine Stellung in der Welt. Frankfurt — Bonn: Athenäum, 1966.

Günther 1984 — Günther H. Die Verstaatlichung der Literatur. Entstehung und Funktionsweise des sozialistisch-realistischen Kanons in der sowjetischen Literatur der 30er Jahre. Stuttgart: Metzler, 1984.

Hamburger 1968 — Hamburger K. Die Logik der Dichtung. Stuttgart: Klett, 1968.

Hartmann 1996 — Hartmann P. W. Formschneider // Das grosse Kunstlexikon von P. W. Hartmann. Stiepan, Leobersdorf, 1996.

Helbig 1971 — Helbig G. Theoretische und praktische Aspekte eines Valenzmodells // Beiträge zur Valenztheorie / ed. by G. Helbig. Berlin, Boston: De Gruyter Mouton; 1971.

Herling 1958a — Herling G. [d.i. Gustaw Herling-Grudziński]. Boris Pasternaks Sieg // Merkur. 1958. Vol. XII. № 123. S. 469–480.

Herling 1958b — Herling G. Um Boris Pasternaks Dr. Schiwago // Merkur 1958. Vol. XII. № 130. S. 1211–1212.

Holthusen 1968 — Holthusen J. Russische Gegenwartsliteratur II. 1941–1967. Prosa und Lyrik. Bern: Verlag: Dalp / Francke, 1968.

Homann 1999 — Homann R. Theorie der Lyrik: Heautonome Autopoiesis als Paradigma der Moderne. Frankfurt a. M.: Suhrkamp Verlag AG, 1999.

Hübner 2012 — Hübner F. Russische Literatur des 20. Jahrhunderts in deutschsprachigen Übersetzungen: Eine kommentierte Bibliographie. Köln: Böhlau Köln, 2012.

Hughes 1989 — Hughes R. P. Nabokov Reading Pasternak // Boris Pasternak and his times. Selected papers from the Second International Symposium on Pasternak / ed. by L. Fleishman. Berkeley: Berkeley Slavic Specialties, 1989. P. 153–170.

Huppert 1958 — Huppert H. «Ma non troppo...». Ein Nachwort zum Fall Pasternak // Weltbühne (Berlin). 1958. Vol. XIII. S. 1512–1517, 1553–1559.

Ingarden 1968 — Ingarden R. Vom Erkennen des literarischen Kunstwerks. Tübingen: Max Niemeyer Verlag, 1968.

Ingarden 1972 — Ingarden R. Das literarische Kunstwerk. Tübingen: Max Niemeyer Verlag, 1972.

Jakobson 1974 — Jakobson R. Die zwei Seiten der Sprache und zwei Typen aphatischer Störungen // Aufsätze zur Linguistik und Poetik. München: Nymphenburger Verlagshandlung, 1974. S. 117–141.

Jakobson 1987 — Jakobson R. Randbemerkungen zur Prosa des Dichters Pasternak. [1935] // Die Erweckung des Wortes. Essays der russischen Formalen Schule / ed. by F. Mierau. Leipzig: Reclam, 1987. S. 237–257.

Jünger 1963 — Jünger H. A. N. Tolstoj und die Roman-Epopöe des sozialistischen Realismus // Zeitschrift für Slawistik. 1963. Vol. 8. № 1. P. 434–451.

Kabasci 2009 — Kabasci K. Narration als Werkzeug der Kognition in der frühen Kindheit: Ein Fachbuch über frühkindliches Erzählen unter humanwissenschaftlichen Sichtweisen. Hamburg: Diplomica Verlag, 2009.

Kartschoke 1984 — Kartschoke D. Bibelepik // Epische Stoffe des Mittelalters / ed. by V. Mertens, U. Muller. Stuttgart: Kröner, 1984. S. 20–39.

Kayser 1965 — Kayser W. Das sprachliche Kunstwerk. Bern, München: Francke, 1965.

Keil 1959 — Keil R.-D. «Doktor Zivago» // Die Insel-Almanach auf das Jahr 1958. Frankfurt: Insel Verlag, 1959. S. 75–90.

Kling 2007 — Kling O. Andrej Belyj: Petersburg (Peterburg) // Der russische Roman / ed. by B. Zelinsky. Köln: Böhlau Köln, 2007. S. 319–338.

Lämmert 1972 — Lämmert E. Bauformen des Erzählens. J. B. Metzler, 1972.

Lamping 2000 — Lamping D. Das lyrische Gedicht. Gottingen: Vandenhoeck & Ruprecht, 2000.

Lipinsky-Gottersdorf 1959 — Lipinsky-Gottersdorf H. Lob des Lebens: Zu Pasternaks // Doktor Schiwago Sammlung [Güttingen]. 1959. XVI. S. 218–223.

Livingstone 1971 — Livingstone A. Allegory and Christianity in «Doctor Zhivago» // Melbourne Slavonic Studies. 1971. Vol. 5–6. P. 24–33.

Ludwig 1976 — Ludwig. Handbuch der Sowjetliteratur (1917–1972) / ed. by N. Ludwig. Leipzig: Leipzig Bibliographisches Institut, 1976.

Maatje 1964 — Maatje F. C. Der Doppelroman. Eine literatursystematische Studie über duplikative Erzählstrukturen. Groningen: J. B. Wolters, 1964.

Masing-Delic 1982 — Masing-Delic I. Bergsons «Schöpferische Entwicklung» und Pasternaks «Doktor Živago» // Reißner, Eberhard (Hg.) Literatur- und Sprachentwicklung in Osteuropa im 20. Jahrhundert. Berlin, 1982. S. 112–130.

Mayer 1962 — Mayer H. Doktor Schiwago // Mayer H. Ansichten: zur Literatur der Zeit. Reinbek: Rowohlt, 1962. S. 205–225.

Müller 1961 — Müller L. Der Übermensch bei Solovjev // Der Übermensch. Eine Diskussion / ed. by E. Benz. Zürich-Stuttgart: Rhein-Verlag, 1961. S. 63–178.

Müller 1963 — Müller L. Die Gedichte des Doktor Shiwago // Neue Sammlung. Göttinger Blätter für Kultur und Erziehung. 1963. № 3. S. 1–16.

Nilsson 1959 — Nilsson N.-A. Besuch bei Boris Pasternak. September 1958 // Pasternak. Bescheidenheit und Kühnheit. Gespräche, Dichtungen, Dokumente / ed. by R. E. Meister. Zürich: Arche, 1959. S. 102–113.

Oger 1991 — Oger E. Einleitung // Henri Bergson. Materie und Gedächtnis. Hamburg: Felix Meiner Verlag, 1991. S. IX–LVII.

Ohme 2015 — Ohme Andreas. Skaz und Unreliable Narration: Entwurf einer neuen Typologie des Erzählers. Berlin, München, Boston: De Gruyter, 2015.

Piaget 1980 — Piaget J. Die Bildung des Zeitbegriffs beim Kinde. Stuttgart: Klett-Cotta, 1980.

Rylkova 1998 — Rylkova G. S. Doubling Versus Totality in «Doktor Živago» of B. Pasternak // Russian, Croatian and Serbian, Czech and Slovak, Polish Literature. 1998. Bd. 43. № 4. P. 495–518.

Sauter 1911 — Sauter C. Dantes Gastmahl. Freiburg: Herdersche Verlagsbuchhandlung, 1911.

Schweitzer 1963 — Schweitzer R. Freundschaft mit Boris Pasternak. München: Desch, 1963.

Sendelbach 1997 — Sendelbach A. A. Mirroring as Structure and Concept: Pasternak's «Sestra Moia — Zhizn» and «Doktor Zhivago». Ohio, 1997.

Sendich, Greber 1990 — Sendich M., Greber E. Pasternak's Doctor Zhivago: An International Bibliography of Criticism (1957–1985). Michigan: East Lansing, 1990.

Slonim 1959 — Slonim M. Doctor Zhivago and Lolita // International Literary Annual. 1959. P. 213–225.

Staiger 1987 — Staiger E. Grundbegriffe der Poetik. München: DTV Deutscher Taschenbuch, 1987.

Steltner 1993 — Steltner U. «Февраль» oder «Нобелевская премия»? Ein subjektiver Diskussionsbeitrag zur Objektivierung von Pasternaks Kunst // Pasternak-Studien I. Beiträge zum Internationalen Pasternak-Kongress 1991 in Marburg / ed. by S. Dorzweiler, H.-B. Harder. München: Sagner, 1993. S. 173–181.

Steltner 2000 — Steltner U. Das Schattenreich. Sologubs symbolistisches Erzählen // Erzählen in Russland / ed. by R. Herkelrath. Frankfurt a. M., 2000, S. 71–78.

Steltner 2002 — Steltner U. Boris Pasternak, Zerkalo // Die russische Lyrik / ed. by B. Zelinsky. Köln u.a., 2002. S. 243–249.

Steltner 2003 — Steltner U. Przybyszewski und die russischen Missverständnisse mit seiner Kunst aus dem Geist des «Übermenschen» // Vladimir Solov'ev und Friedrich Nietzsche. Eine deutsch-russische kulturelle Jahrhundertbilanz / ed. by U. Heftrich, G. Ressel, Gerhard. Frankfurt a. M., 2003. S. 223–237.

Steltner 2008 — Steltner U. Über Čechov und über die Zeit: Eine literatur-wissenschaftliche Erörterung // Zeitschrift für Slawistik. 2008. Vol. 53. № 4. S. 456–466.

Strindberg 1919 — Strindberg A. Inferno. Legenden. München, 1919.

Terras 1968 — Terras V. Boris Pasternak and Time // Canadian Slavic Studies. 1968. Vol. II. № 2. P. 264–270.

Tesnière 1980 — Tesnière L. Grundzüge der strukturalen Syntax. Stuttgart: Klett-Cotta, 1980.

Tetzner 2013 — Tetzner T. Der kollektive Gott. Zur Ideengeschichte des «Neuen Menschen» in Russland. Göttingen: Wallstein Verlag GmbH, 2013.

Tiupa 2012 — Tiupa V. Doctor Zhivago: Composition and Architectonics // Russian Studies in Literature. 2012. Vol. 48. № 2. P. 20–43.

Todorov 1972 — Todorov Tz. Die strukturelle Analyse der Erzählung // Literaturwissenschaft und Linguistik. Ergebnisse und Perspektiven. Bd. 3: Zur linguistischen Basis der Literaturwissenschaft, II / ed. by J. Ihwe. Frankfurt am Main, 1972. S. 265–275.

Uhlig 2006 — Uhlig A. Stichotvorenija Jurija Shiwago. Die Gedichte des Jurij Shiwago; Fassung von 1958 // Der russische Gedichtzyklus / ed. by R. Ibler. Verlag: Universitätsverlag Winter, 2006. S. 467–472.

Verbin 1958 — Verbin V. [Gaev]. Boris Pasternak und sein Dokter Zivago // Sowjetstudien. 1958. № 6. P. 96–112.

Vogt 1997 — Vogt R. Boris Pasternaks monadische Poetik. Peter Lang Gmbh, Internationaler Verlag Der Wissenschaften, 1997 (Slavische Literaturen. Bd. 14).

Wedel 1978 — Wedel E. Zur Erzähltechnik und Genreproblematik bei L. Tolstoj. «Anna Karenina» als Doppelroman // Referate und Beiträge zum VIII. Internationalen Slavistenkongress. Zagreb 1978 / ed. by J. Holthusen. München, 1978. S. 419–451.

Weinrich 1972 — Weinrich H. Die Textpartitur als heuristische Methode // Der Deutschunterricht. 1972. Bd. 24/72. H. 4. S. 43–60.

Werlich 1979 — Werlich E. Typologie der Texte. Entwurf eines textlinguistischen Modells zur Grundlegung einer Textgrammatik. Heidelberg: Quelle & Meyer, 1979.

Weststeijn 1997 — Weststeijn W. G. «Доктор Живаго» — поэтический текст // Russian, Croatian and Serbian, Czech and Slovak, Polish Literature. 1997. Vol. 42. № 3–4. P. 477–490.

Wilson 1966 — Wilson E. Doctor Life and his Guardian Angel [1958] // The Bit Between My Teeth: A Literary Chronicle of 1950–1965. New York, NY: Farrar, Straus and Giroux, 1966. P. 420–446.

Witt 2000a — Witt S. Мимикрия в романе «Доктор Живаго» // В кругу Живаго. Пастернаковский сборник / ed. by L. Fleishman. Stanford: Dept. of Slavic Languages and Literature, 2000. P. 87–122 (Stanford Slavic Studies. Vol. 22).

Witt 20006 — Witt S. Creating Creation: Readings of Pasternak's Doktor Živago. Stockholm: Almqvist och Wiksell International, 2000.

Wolf 1993 — Wolf W. Ästhetische Illusion und Illusionsdurchbrechung in der Erzählkunst: Theorie und Geschichte mit Schwerpunkt auf englischem illusionsstörenden Erzählen. Tübingen: Niemeyer, 1993.

Zehnder 2015 — Zehnder Ch. Axiome der Dämmerung. Eine Poetik des Lichts bei Boris Pasternak. Köln u. a.: Böhlau, 2015. (Bausteine zur Slavischen Philologie und Kulturgeschichte. Reihe A: Slavistische Forschungen. Bd. 82).

Предметно-именной указатель

Оглавление

Научное издание

Ульрих Штельтнер
ПРОЗА И ЛИРИКА РОМАНА «ДОКТОР ЖИВАГО»

Директор издательства *И. В. Немировский*
Ответственный редактор *И. Белецкий*
Куратор серии *Н. Сироткин*
Заведующая редакцией *О. Петрова*

Дизайн *И. Граве*
Редактор *А. Пахомова*
Корректоры *А. Филимонова, Н. Занозина*
Верстка *Е. Падалки*

Подписано в печать 01.12.2023.
Формат издания 60 × 90 $^1/_{16}$. Усл. печ. л. 12,0.
Тираж 200 экз.

Academic Studies Press
1577 Beacon Street, Brookline, MA 02446 USA
https://www.academicstudiespress.com

ООО «Библиороссика».
198207, г. Санкт-Петербург, а/я № 8

Эксклюзивные дистрибьюторы:
ООО «Караван»
ООО «КНИЖНЫЙ КЛУБ 36.6»
http://www.club366.ru
Тел./факс: 8(495)9264544
e-mail: club366@club366.ru

Книги издательства можно купить
в интернет-магазине: www.bibliorossicapress.com
e-mail: sales@bibliorossicapress.ru

12+

www.ingramcontent.com/pod-product-compliance
Lightning Source LLC
Chambersburg PA
CBHW070357100426
42812CB00005B/1544